月4万円とボーナスではじめる 新しいFIRE入門

不動産投資による堅実なSide FIRE戦略

株式会社 日本財託
岩脇 勇人

はじめに

「普通のサラリーマンでもＦＩＲＥ《ファイア》は実現できる」

私は、これまで多くの方の資産形成に携わってきました。

ご相談者の中には、医師や会社経営者、会社役員など高額所得者もたくさんいますが、お客様の多くは、普通のサラリーマンです。皆様に「再現性」のある投資手法をお勧めし、実際にＦＩＲＥを達成されたサラリーマンの方々を目にして、そう確信しています。

本書を手に取っていただいたあなたは、今の働き方について疑問を持っているかもしれません。

「もっと収入を上げたい」
「一刻も早くこの仕事から解放されたい」
「今より給与が下がったとしても自分に合った仕事、やりがいのある仕事を始めたい」
などなど。

では、あなたは「労働」をどのように捉えていますか？


自分の時間を切り売りして、生活の糧を得るための手段でしょうか。

それとも、仕事を通じた社会貢献でしょうか。

自己実現の場でしょうか。


人によって労働に対する考え方・価値観は異なり、誰もが納得するような絶対的な答えはないでしょう。

資産形成のご相談を受ける中で、私が感じるのは、労働という言葉をネガティブに捉える方が少なくないということです。しかも、その数は年々増えているように感じます。


私は、日々、不動産投資を中心とした資産形成の相談を承っています。

不動産投資や資産形成を行う目的は人によって違いますが、若年層を中心にアーリーリタイアやセミリタイアを目的に始めたいという方が急増しているのです。

長時間労働や過剰なノルマ、理不尽なお客様や上司からの要求に辟易《へきえき》し、現状をどうにか打破したいと願う方は多いようです。資産形成の相談から派生して、仕事の悩みまでも聞かせていただく機会もあるほどです。

こうした状況は日本だけではなく、数年前からFIREという考え方が米国から世界へと広まり、日本でも今、大きなムーブメントになっています。

FIREとは、Financial《ファイナンシャル》 Independence《インデペンデンス》（経済的自立）Retire《リタイア》 Early《アーリー》（早期退職）の頭文字を取った言葉です。

読んで字のごとく、経済的自立と早期退職を意味し、定年退職を待たずに、なるべく早期にサラリーマン生活を終え、時間と仕事に縛られない人生を歩むためのライフプランを描くことです。

FIREがあなたにもたらすものは、経済的な自立だけではありません。

FIREの本質的な価値は、資産形成を通じて「人生の主導権を取り戻すこと」です。

学校では教師から、会社では上司から常に正解・成果を出すように求められ、自分自身の本当にやりたいことをどこかに忘れてしまっている方は多いのではないでしょうか。

もし、お金のために働く必要がないとするならば、あなたはどのような人生を描きますか？

月曜日から趣味の釣りや登山に出かけてみたり、小説や映画の世界にどっぷり浸かっても良いでしょう。

日々の生活を維持するために給与を稼ぐ必要がなければ、収入が少なくなっても本当にやってみたい仕事に就くという選択肢もあることでしょう。また、週の半分だけ働き、もう半分は家族と過ごす時間に費やすこともできるはずです。

私はといえば、昼はコーヒー、夜はウイスキーを提供するお洒落なカフェバーのマスターにいつかはなりたいという夢を抱いています。

ただ、こうした未来を目指そうと思った場合、期待の大きさと同じくらい、もしくはそれ以上の不安に駆られるはずです。安定した給与を失うことになるかもしれませんし、家族の賛同も得られるかは分かりません。

ましてや小さなお子様がいるご家庭であれば、なおさらでしょう。

そんな時、所有する不動産から20万円でも30万円でも毎月安定した収入があれば、大きな後ろ盾になるでしょうし、きっと新たなステージへ踏み出す勇気を与えてくれるはずです。

お金にゆとりがあるから、思い切ってあなた自身の人生にチャレンジできる。

つまり、あなた自身の手に自分の人生を選ぶ選択肢を取り戻すことができるのです。

そう考えれば、なにも早期リタイアにも至らなくても、あなた自身が人生の選択肢を自由に選び取れるだけの収入を作ることができれば、十分なはずです。

ちなみにＦＩＲＥには、複数の種類あることをご存知でしょうか。

1つ目が、Fat《ファット》 FIREです。

これは贅沢もできる状態でのゆとりあるＦＩＲＥです。今の生活水準を上回る額の不労所得を得て、余裕のある暮らしを実現するものですが、当然のことながら、目標となる資産額も大きく、達成への道のりはそう簡単なものではありません。

2つ目は、Lean《リーン》 FIREです。

徹底した節約によって、最低限の生活費を資産運用による収益で賄うミニマリスト向けのFIREです。

経済的な豊かさや物質的豊かさよりも自由を重んじ、できる限り早くFIREを実現したいと願う人たちが目指すFIREの形です。

ちなみに、Leanとは、「やせた、引き締まった」という意味を持つ単語です。リタイア後も日々の生活費を切り詰め、少ない生活費でやりくりするストイックなスタイルです。

3つ目は、私が本書で最もお勧めしたいFIREであるSide《サイド》 FIREです。

生活費の半分を資産運用によって得られる収益で賄い、もう半分は副業や自由度の高い労働によって賄う考え方です。

会社（給与）や副業への経済的依存度が低く、大半の部分で経済的自立が図れていながらも、週2日から3日程度の適度な労働・事業によって社会との繋がりも維持できるスタイルであり、いわゆるセミリタイアの状況を指します。

また、生活費の半分以上の不労所得があれば、たとえ今の職場環境が苦しいものであっても、より良い仕事を求めて積極的に仕事を探すこともできるでしょう。会社に勤め続けるケースでも、精神的なゆとりは段違いのはずです。

それぞれ難易度は異なり、また目指すＦＩＲＥの形も人によって異なると思いますが、私はまずＳｉｄｅ ＦＩＲＥを目指していただきたいと思っています。

昨今、大きなムーブメントになりつつあるＦＩＲＥですが、同時にネット上や一部のメディアでは、ＦＩＲＥに対して懐疑的な意見も出ているようです。

その多くは「早期退職」に対しての否定的な意見です。

「40代という働き盛りで、労働資本を捨ててしまうのはもったいない」
「一度、定職を離れてしまうと、40代・50代では再就職は難しい」
「厚生年金の加入期間が短くなるため、年金受給額も減り、老後が大変になる」

といった意見が多いようです。これらの指摘はごもっともだと私も思います。

FIREの本質的価値は「早期退職（＝RE）」ではなく、「経済的自立（＝FI）」にあると考えています。

私自身、現在の仕事に充実感を感じており、幸いにも「辞めてしまいたい」と考えることはありません。

しかし、10年後、20年後も同じである保証はどこにもありません。

それは自分の状況や外部環境が変化する可能性があるだけでなく、家族の都合や私の健康上の理由など、仕事を続けたくても続けられなくなる可能性があることや、そういった何らかの理由によって生活の基盤となる給与が著しく減ってしまう可能性も否定できないからです。

生活費の大半を会社（給与）による収入ではなく、資産運用による収益で賄うことができたなら、今後、待ち受ける人生の様々な金銭的なリスクにも備えることができるはずです。

本書でお伝えする不動産投資手法を実践していただければ、経済的な豊かさだけでなく、精神的な豊かさと余裕をもたらしてくれるものだと確信しています。

お伝えしたいのは、たった一度きりの人生を自分の思い通りに歩むための選択肢を持ちながら、時間と仕事に縛られず、人生をより豊かに過ごすための術です。

なお、本書の特徴の1つが、他人のチカラを活用したFIRE戦略を分かりやすく解説している点です。

昨今、FIREをテーマにした本は数多く出版されており、有用なものも多くあります。ただ、他人のチカラ、すなわち〝他人資本〟の効率的な活用によって、あなたの負担を軽減し、スピード感のある資産形成を実現する具体的な方法を示した本は、ほかにはないと自負しています。

FIREは、なにもあなたの力だけで追い求めなくてもよいのです。他人資本の力を利用した資産形成法を知ることは、FIREを志すあなたのお役に立てると確信しております。

ぜひ最後までお読みいただき、人生と資産形成を考えるきっかけとなれば幸いです。

目次

第1章 7人に1人が達成！ＦＩＲＥは実現可能な目標

第4章 長期安定収入をもたらす東京・中古・ワンルーム

第5章

FIREを実現するための投資用ローンの攻略法

第6章

不動産投資の5大リスクを徹底解説

第7章

FIRE達成に欠かせないマインドセット

第1章

7人に1人が達成！ ＦＩＲＥは 実現可能な目標

悩み多きサラリーマンへの処方箋

日々、お客様から資産形成・投資のご相談を承っていると、その理由やきっかけは決して明るいものばかりではないことを実感します。

〝投資〟と聞くと手元の資金を上手に運用し、より豊かな未来のために取り組むポジティブな側面がイメージされがちですが、多くの方は決してそうではないのです。

商社にお勤めの30代前半のお客様は、日々の業務量の多さに心底疲れてしまい、退職ばかり考えてしまうとお話されていました。しかし、現在は恵まれた給与水準であり、仮に別の仕事に就いて業務量を抑えられたとしても、今の収入を手放すことに強い抵抗感を抱かれ、悩まれていました。

通信会社勤務の40代のお客様は、部下の育成と上司からのプレッシャーで不眠症に悩まされていました。日中の倦怠感《けんたいかん》で仕事にならず、負のスパイラルに陥っているとのこと。

金融機関にお勤めの50代前半のお客様は、親の介護費用を賄《まかな》いながら、膨らむ子供の教育資金に悩み、給与収入だけに頼り切った経済力に不安を感じられていました。

これらは、ほんの一例です。きっと今のお仕事に就かれた頃は、夢や希望を抱かれていたと思います。しかし、自分ではコントロールの効かない要因で、日に日に職場への足取りが重くなってしまったり、お金のやりくりで頭がいっぱいになってしまうことが現実にはあるのです。

サラリーマンとして日々働いている方であれば、誰もが同じような悩みを抱えているのではないでしょうか。中には、会社を辞めたいと考えている方もいらっしゃるはずです。

職場の人間関係、給与や待遇への不満、社風や経営者の方針との不一致、望まぬ配置転換や地方への異動などなど、長くサラリーマン生活を続けていれば、何かしらの不平、不満が出てくることは当たり前です。

「辞めたい」と思うのは、なにも会社だけが原因とは限りません。

親の介護で離職する、いわゆる介護離職や、仕事自体に充実感を感じていても、景気の荒波に飲み込まれ会社自体が倒産してしまえば、その仕事からは離れなくてはなりません。そうした望まぬ離職リスクも長いサラリーマン生活の中では考えられるのではないでしょうか。

離職の理由を挙げれば、きりがありません。

こうした状況下で、あなたの収入源が給与だけであったなら、辞めたいと思っても会社にしがみつかざるを得なかったり、転職しようにも年齢や給与などを理由に躊躇《ちゅうちょ》してしまうかもしれません。

私は、サラリーマンとして会社に勤めることを否定するつもりはありません。組織として仕事を進め、社会に大きく貢献することは立派だと思いますし、私も現在サラリーマンをしています。

しかし、「辞めたい」あるいは「辞めざるを得ない」状況になった時に、給与以外に安定した収入源が確保できており、ためらいなく辞めることができる選択肢を持つことができていれば、心に大きな余裕が生まれるのではないでしょうか。

そういった意味では、早期退職に興味・関心がない人もFIREを目指す価値は十分にあると考えています。

すなわち、FIREの本質は、RE（早期退職）ではなく、FI（経済的自立）にあるのです。

本質的には、会社員を辞めることが目的ではなく、「仕事を辞める or 続ける」という選択肢を持つことが真の目的なのです。

ＦＩという経済的基盤と余裕がない人には、言うまでもなく、その選択肢がありません。

ＦＩＲＥを志し、勤め先からの経済的な自立が確立されていれば、様々な面で人生の選択肢が広がり、きっと心にも余裕が生まれるはずです。

経済的自立の実現が人生の転換点となることを期待して、ご相談に見えるお客様が本当に多いのです。

ＦＩＲＥ達成「4％のゴールデンルール」

同じような悩みは海外でも先行しており、数年前からＦＩＲＥという考え方が米国の若者を中心に注目を集めています。今では、日本を含め世界的なムーブメントとなっているほどです。

ＦＩＲＥに似た言葉で、「アーリーリタイア」という表現があります。ずいぶん前から耳にする言葉ですが、やや意味合いが異なります。

アーリーリタイアと聞くと、事業で成功して莫大な富を築いたり、多くの遺産を相続してお金に縛られず、悠々自適《ゆうゆうじてき》な生活を送る、限られた人だけが実現できるイメージを持たれる方が多いのではないでしょうか。

一方でFIREという考え方は、年間の支出額から逆算し、目標となる資産額を算出することから始まります。

投資によって資産を築き、その資産から生まれる収益で生活費を賄うことによって、望まぬ労働から解放されることがFIREの主な目的です。

FIREは、お金持ちになり、贅沢をすることが目的ではありません。あくまで時間や仕事に縛られず、自分らしい人生を歩むための収入対策であり、贅沢ではなく自由を求める行動なのです。

そして、FIREは限られた一部の人にだけが実現できるものではなく、戦略と努力によって誰にでも実現可能な再現性の高い人生プランの1つです。

経済的な自立と早期退職という視点では、FIREとアーリーリタイアは同じですが、目的を達成するためのアプローチが異なるのです。

経済的自立と早期退職を実現するための必要資産額として、FIRE実践者の間で定説となっているのが、『4%ルール』という考え方です。

4％ルールは、「年間支出額を投資元本の4％以内に抑えられれば、資産が目減りすることなく、暮らしていける」というルールであり、米国のトリニティ大学の研究をもとに作られたルールです。

すなわち、FIREを実現するために必要となる資産額は、投資元本÷4％なので、年間支出額の25倍の資産を築くことがゴールとなります。

年間支出額が400万円の人であれば1億円。600万円の人であれば1億5000万円といった具合です。

「25年分の資産を築いたとしても、26年目には資産は枯渇してしまうのではないか」

このように考える方もいらっしゃるかもしれません。FIREは、あくまで支出の25年分の投資元本を築き、その資産から生まれる収益で生活することが原則となります。

老後2000万円問題に代表されるように、私たち日本人の老後資産の考え方のベースとなっているものは銀行預金です。老後は年金で暮らして、不足分は預金を取り崩して生活費に充てていくというものです。

たしかにこの場合、4%ずつ資産を取り崩していくと、25年後には預金はゼロになってしまいます。

しかし、FIREが重要視するのは資産額ではなく、資産から生まれる収入額です。

元本を取り崩していく生活と、元本から生まれる収入で生活支出を賄う。この違いは決定的です。

想定される支出額をもとに、どれだけの資産を築けばよいのかを計画していくのです。

ではなぜ、資産額から得られる収入の目安を4%で考えるのでしょうか。

それは、FIRE発祥の米国の株式市場に由来します。米国株式の年平均リターンが7%に対して、米国のインフレ率3%を差し引き、理論上の値が4%となっているようです。

仮に年間支出額が300万円なら、7500万円の資産を築けば、年4%の運用益で生活費を賄いつつ、築き上げた資産も減らさず維持できることになります。

当然、米国と日本ではインフレ率も税制も異なるため、日本風にアレンジする必要はありますが、ターゲットとする指標として4%を押さえておきましょう。

利回りを追求してはいけない

図1

FIREの状態

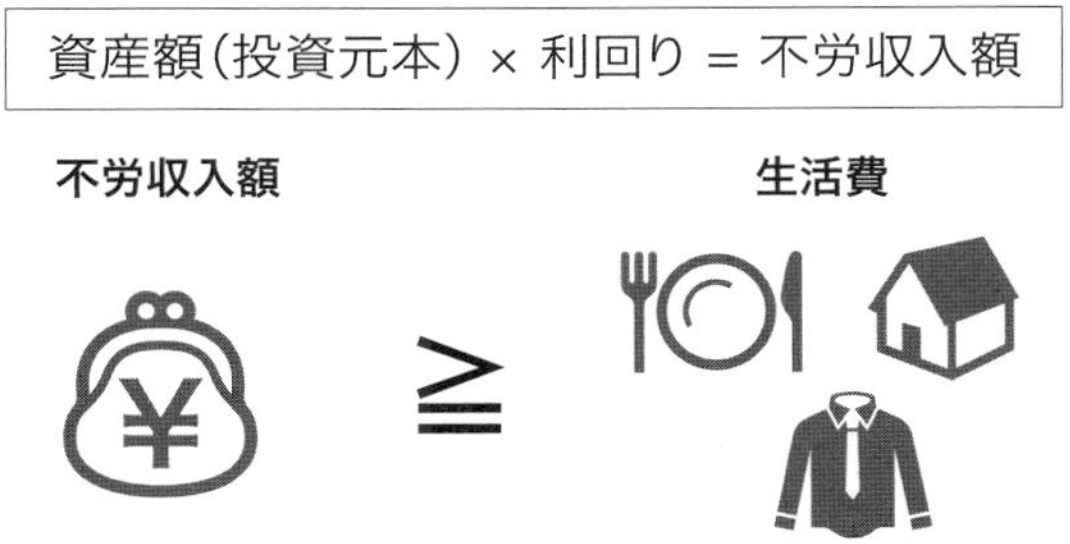

生活費の25倍の資産を4%で運用し、
運用した利益で生活費を賄う

前述したようにＦＩＲＥを達成するための方程式は、**図1**の通りです。

この式を見ると、ＦＩＲＥを効率良く実現するためのポイントは、３つあることが分かります。

①資産額を増やす
②利回りを上げる
③生活費を下げる

では、具体的に数字で考えてみましょう。

年間の生活費が400万円必要な人であれば、利回りが4%の時、資産額は1億円が必要になります。田舎暮らしでお金を使わないので、生活費が200万円で十分だという人は、同じ利回り4%でも、資産は5000万円で済むことになります。

一方、生活費が800万円必要という方であれば、必要な資産額は2億円にもなります。利回りが4%なので、これだけの資産が必要になりますが、利回りを倍の8%に上げることができれば、資産額は1億円で十分です。

しかし、ここに落とし穴があります。

利回りを上げるということは、同時にリスクを取るということになります。

不動産投資に限らず、投資の世界でリスクとリターンは比例する関係にあります。利回りが倍になるということは、基本的にリスクも倍になるということです。

不動産投資で考えてみましょう。

投資用不動産の価格は、大都市圏とそれ以外のエリアでは明確に価格が異なります。例えば、東京23区内の物件と地方の物件と比較した場合では、利回りが2倍以上違うことも珍しくありません。

では、利回りが高い地方のほうが、投資対象として優れているのでしょうか。これはお伝えしたようにリスクとリターンの関係で説明できます。

不動産投資で安定収益を上げ続けるためには、空室期間を短くすることが重要です。空室が発生することは避けられませんが、立地によって、次の入居者が決まるまでの期間は大きく異なります。

都心部であれば若者人口も多く、賃貸需要が旺盛ですが、ひとたび地方に目を向けると人口が減少しており、若者が少なく高齢者ばかりというエリアは今や日本中にたくさんあります。

そうなると、入居者を募集したとしても、いっこうに次の入居者が見つからないということも珍しくありません。

つまり、都心部では不動産価格が高い分、リターンが小さくなりますが、一方で空室リスクを抑えることができます。地方では不動産価格が安い分、リターンは大きくなりますが、空室リスクも大きくなるのです。

投資においてリスクを完全になくすことはできませんが、リターンを追い求めて、リスクを取りすぎては精神衛生上、穏やかではいられないはずです。

また、生活費を下げるにしても限界があります。

例えば今、毎月の家賃や水道光熱費、食費、遊興費などを含めて毎月30万円のお金が必要な人が、FIREを目指すために、生活費を15万円に下げたら、どのような生活になってしまうでしょうか？

日々の食費に気を付けるのはもちろんのこと、電気、ガス、水道の節約、友人との付き合いも少なくなるでしょう。

本来、FIREはあなたの生活を豊かにするために目指すものであって、不労収入で生活費を賄えたとしても、それで精神的なゆとりをなくしてしまっては元も子もありません。

つまり、生活費はなるべく現在の水準で考え、利回りは4％前後の水準で増やせる投資先を選ぶ。その上で、いかに効率良く資産を膨らませていくかが経済的自立と早期退職を実現するための欠かせない大切なポイントになります。

まずは無理のない範囲で、どれぐらいの支出をベースに目標とする資産を形成するかを検討し、自分自身のケースに落とし込みながら、本書を読み進めていただければと思います。

働かせたい国と早く引退したい国民

大人気漫画「サザエさん」の連載がスタートしたのは１９５１年。誰もが知る波平さんは54歳であり、実は定年退職直前という設定です。

１９７０年代までは、大企業では55歳が定年退職の主流であり、いまだ多くの企業が設けている役職定年制が50代半ばなのも、その名残のようです。

その後、定年は60歳、65歳と延長され、２０２１年4月から施行された改正高年齢者雇用安定法によって努力義務ではあるものの、定年は70歳へと再々延長されました。

年金不安が叫ばれる中、「70歳まで働き続けられるのは、ありがたい」との評価がある一方で、「70歳まで働けない（働きたくない）」といったネガティブな感想を持つ方も多いようです。

それもそのはず、いわゆる高齢者が定年を迎えても、なお働き続ける要因の大半が「生活の糧《かて》」を得るためのものだからです。

定年が延長されたとはいっても、仕事の内容は現役時代とはかけ離れており、与えられる仕事は単純なものばかりであったり、給与水準も大きく下落する傾向にあります。

再就職するといっても、十分な給与があって、やりがいが持てるという仕事は多くはないようです。実際に高齢者の再就職先として多い職種は、警備員や清掃などで、残念ながら現役時代のスキルを活かした職業に就いているとは言えない状況のようです。

もし、あなたが定年よりも前に生活費を十分賄える不労所得を得ることができていれば、無理をして働く必要はありません。趣味や旅行、レジャーなどあなたが好きなことを自由に満喫できます。

生活の糧を得るためだけに働くことを避けるのであれば、1日でも早く資産運用を始めることがポイントになります。

なぜなら、老後に健康でいられる時間は、あなたが思っているよりもずっと少ないという事実があるからです。

「平均寿命」ではなく「健康寿命」という考えがあります。

WHO（世界保健機関）が提唱した新しい指標で、平均寿命から寝たきりや認知症など介護状態の期間を差し引いた期間を指します。

2016年の厚生労働省の調査によると、日本人の健康寿命は男性で72歳、女性は74歳となっています。年々、健康寿命も延びているものの、定年の70歳まで長期間にわたって一生懸命働き、その後、悠々自適な余生を過ごそうにも、男性の場合、満足に体が動くのはリタイア後のわずか2年しかいないということです。

これでは、仕事をするためだけに生きてきたようなものです。

ＦＩＲＥの実現を阻む2つの壁

では、真剣にＦＩＲＥを検討する場合、どのような投資手法が最適でしょうか。

ＦＩＲＥを指南する本は巷《ちまた》に溢れていますが、そのほとんどが株式投資を前提としています。

特に米国の高配当株や海外ＥＴＦ《イーティーエフ》（上場投資信託）をベースにしたものが主流のようです。

日本の株式市場がピカピカに魅力的であったり、あるいは金利がある程度確保されていれば、わざわざ海外に目を向けて投資を検討する必要はなさそうですが、残念ながら市場参加者の評価はそうではありません。ＦＩＲＥが注目されるにつれ、世界経済の中心であり、配当性向の高い傾向にある米国株に年々人気が集まっています。

しかし、考えなければならないポイントとして、為替《かわせ》リスクが挙げられます。

米国株を購入するには、米ドルを用意しなければなりません。当然、手元にある円をドルに両替し、米国株を購入することになります。

また、米国株で期待通りの配当が得られたとしましょう。しかし、それを生活費に充てるには円に両替しなければなりません。当然、我々は日本で生活しており、近所のコンビニやスーパーでは米ドルでの支払いができません。その時、円高になってしまっては、せっかくの利益が円ベースでは目減りしてしまうことになります。

為替の相場は、常に世界経済の影響に晒《さら》されており、また時にたった1人の政治家の発言によって乱高下するケースもあります。もちろん、良い方向にブレることもあるでしょうが、いずれにしても為替リスクという大きな不確実要素を背負っていることを忘れてはいけません。

極端な例ですが、1970年代のオイルショックの際は、ドル－円が306円台となり、変動相場制移行後、史上最安値を付け、反対に2011年東日本大震災の直後にはドル－

円は75円台と史上最高値を更新しました。

ドル－円が変動相場制になってから、実に２３１円のブレ幅です。２０００年以降に絞って見ても、２００２年に１３５円と歴史的な円安水準をマークしていますから、２０１１年の75円とは実に60円もブレているのです。

人生１００年時代と言われる昨今、仮にＦＩＲＥを達成し、40代や50代で早期退職を果しても、まだ人生の折り返し地点であり、その後の人生は思ったよりずっと長いことが予想されます。

高い成長率が期待できれば、為替リスクは気に留める必要のないリスクであると考える方もいらっしゃるようですが、資産とそこから生まれる収益が為替リスクという不確実要素に長期間、晒されていることを軽視してはいけません。

ＦＩＲＥにおいては、資産から生まれる収益を生活費に充てるわけですから、何よりも安定性が求められます。やはり生活のベースとなる〝円〟を生んでくれる国内資産もしっかりと確保することが大切です。

実際に、米国株でしっかりと資産形成されている方も、円資産を確保したいといってご相談に見えるケースが多くなっています。

そして、FIRE達成を妨げる要因がもう1つあります。

それは、周囲の理解不足です。

ご家庭のある方ならなおさらでしょうが、当然のことながら投資にはリスクが伴い、不測の事態も起こり得ます。

まだまだ投資に縁遠い人が多く、また誤解も少なくない中で、生活費を賄えるまでの規模感で投資を実践していくことに対して、疑問や不安を感じるご家族も少なくないはずです。

未知の世界に対しては、期待よりも不安が増幅されてしまい、将来得られる可能性のあるメリットにも目は塞ぎがちです。

実は、「妻を説得してほしい」「夫を説得してほしい」とのご依頼は、毎月のようにいただきます。

このような場合、私はご相談者様が投資にご関心をお持ちいただいたきっかけが家族の幸せであり、また家族を守るためであることをお伝えしています。

そして、その上で投資によって得られるメリットだけでなく、リスクやコストも丁寧にご説明させていただくことで、少しずつご理解いただいております。

「不動産投資×繰上返済」のシンプル投資法

堅実なサラリーマンがＦＩＲＥや経済的自立を目指すのであれば、「はじめに」でもご紹介した他人資本を活用した不動産投資と繰上返済を組み合わせる投資手法が最適です。

株式投資の場合、毎月の積み立てが止まってしまうと、資産形成も同様に停滞してしまいます。一方で、不動産投資の場合、賃貸需要が旺盛《おうせい》な立地であれば、安定して家賃収入を得ることができます。この家賃収入を投資用ローンの返済に充てられるのです。

投資は、長期戦です。

ＦＩＲＥを目指す道のりの中では、今回の新型コロナウイルスの感染拡大のように、「まさか」の事態は十分起こり得るのです。外部環境の変化によって、収入が不安定になる時期はきっと少なくない確率であなたの身に降りかかってくるかもしれません。

そうした時に、毎月毎月、投資資金を確保し続けられるでしょうか。

収入は一定だったとしても、お子様の学費やご両親の介護、ご自身の病気など、支出がかさむ時期もあるでしょう。

こうした場合でも、他人資本を活用した不動産投資であれば、あなたが資産形成に余裕のない時期であっても、毎月毎月、家賃収入で借入元本を返済してくれます。**借入元本、すなわち借入残高が減るということは、同時にあなた自身の純資産が拡大していくということです。**

そして、あなたが不動産投資で行うことは、投資用ローンの繰上返済を行うことです。入居者の家賃とあなた自身の繰上返済の２人分の力で資産形成が進んでいくので、目標とする資産額までの期間もずっと短縮されます。

しかも不動産投資の良いところは、毎月、家賃収入が入ってくるという点です。不労収入を生活費の中心として考えるのであれば、半年ごとに入ってくる配当金や年金のような隔月振り込みではなく、毎月安定して入ってくる収入源のほうが精神的にも余裕が生まれるはずです。

ＦＩＲＥ達成後の生活資金としても、不動産投資は優れています。

本書でお伝えするのは、この不動産投資と繰上返済を組み合わせたＦＩＲＥの実践法です。

平均13年で悩みから解放されている

２０２１年の７月、私が勤める株式会社日本財託《にほんざいたく》のお客様にＦＩＲＥに関するアンケート調査を実施しました（**図２**）。

アンケートでは回答者のうち、実に７人に１人が経済的自由、またはＦＩＲＥを達成していると回答しました。前述した投資法は、机上の空論ではなく、実践して結果も出ている確かな手法です。

そして、もう１つ、興味深いアンケート結果があります。

経済的自由やＦＩＲＥを実現して最も良かったと思われることをヒアリングした結果です。

金銭的なメリットではなく、次のような「精神的な余裕を手に入れたこと」が最も多い回答となったのです。

「自分の信念に従って行動できる。サラリーマンでは、企業の利益を優先せざるを得なかった」

「嫌な仕事をしなくてよくなり、暴飲暴食などストレス解消が不要となったため、心身ともに健康になった」

「リストラや病気退職、会社が潰れても収入がある精神的安心を得られた」

「ストレスの溜まる人間関係が減少した」

「(人生の)選択肢が増えた」

そして、特筆すべきは、不労所得が給与収入を上回った状況を作り出すのにかかった平均年数が13年という結果でした。

投資を実践して13年で、あなたが抱える悩みを解消して、人生の選択肢を増やすことができるのです。

アンケートにお答えいただいた方は、なにも特別な方ではありません。普通のサラリーマンとして仕事をしながら、資産形成を進めてきた方々です。

FIREは、決して夢物語ではないのです。

図2

回答者の**7人に1人**（14%）が**「経済的自由」**を実現

Q、ズバリ、今あなたは経済的自由またはFIREを実現していますか？

- 実現している　14%（172名）
- 実現していない　86%（1082名）

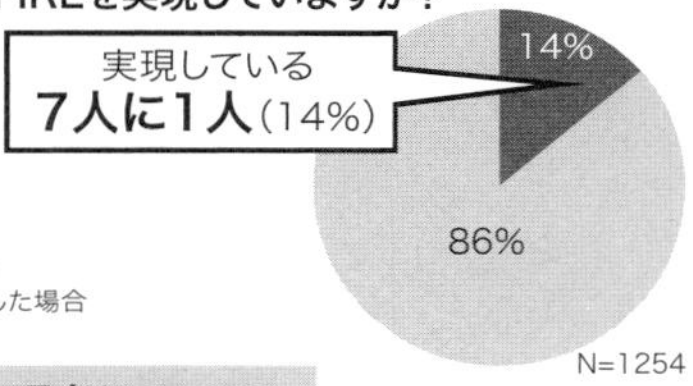

※調査において提示した定義
経済的自由･･･不労所得のみで日々の生活費を賄える状態
FIRE･･･上記のうえ、いわゆる早期退職（脱サラ）まで実行した場合

経済的自由実現者について

経済的自由実現者のうち、**4割**が**50代以下**

30代	4%	（7名）
40代	9%	（16名）
50代	27%	（47名）
60代	39%	（66名）
70代	16%	（28名）
80代	4%	（7名）
90代	1%	（1名）

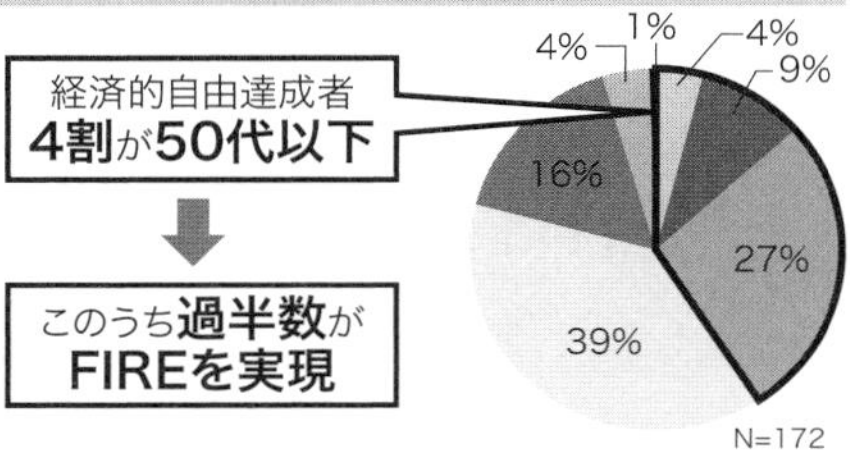

一番良かったのは**「精神的な余裕」**

Q、経済的自由またはFIREを達成して、何が一番良かったと感じますか？

（自由回答方式、文言を基に弊社が分類、複数回答あり）

精神的な余裕	104（60%）
時間的な余裕	48（28%）
金銭的な余裕	29（17%）
その他	14（8%）

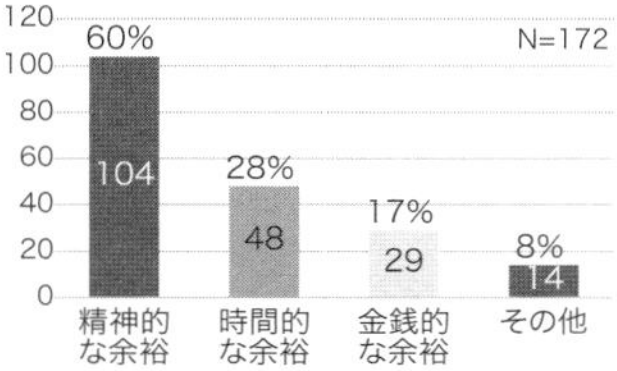

調査概要
・対象：弊社オーナー様（6月末時点8,602名）・調査期間：2021年6月18日～25日
・方法：任意回答メールにてアンケートフォームを送付し、記名で回答
・有効回答：25歳～94歳の計1254名
・回答者の年代内訳：20代20名、30代229名、40代382名、50代394名、60代174名、70代47名、80代以上8名

FIREを目指せば、あなたの夢は現実的な目標に変わる

あなたの夢は、なんでしょうか？

その夢を現時点で叶えられていない理由は、なんでしょうか？

きっと夢を叶えられない理由の多くが、現実的な問題としての金銭的あるいは時間的なハードルではないでしょうか。


FIREの根本には、「経済的自立」があります。

「経済的自由」とは似て非なる言葉で、一生遊んでも使い切れない資産を築き、毎晩のように酒池肉林を極めることを目的にしているのではなく、会社から経済的な自立を図ることがFIREの目的の1つです。

つまり、会社から給料をもらわなくても、来月から普通の生活を維持するできる状態がFIREなのです。

では、会社に行かなくても今の生活を維持でき、今まで会社に費やしてきた時間がすべて自由になるとしたならば、あなたの夢は叶うでしょうか。

私は日々、不動産投資のご相談を承っていますが、運用に関するご相談だけでなく、不動産投資を実践していったその先のビジョンをお客様からお聞かせいただくことがあります。

「40代でFIREを実現して、自由な人生を歩みたい」といったお話や、「50歳からの人生は、世界を旅して回る」といったお話を聞いたりします。

FIREを目指すことで、それは夢ではなく目標になります。

FIREとは、単なる経済的な豊かさを追い求めるだけに留まらず、経済的自立によって自己実現を具体化するプロセスです。

10年ほど前、人が死ぬ前に後悔することを記した『死ぬときに後悔すること25』（大津秀一著、致知出版社刊）が出版され、ベストセラーになりました。緩和医療を専門とする医師が執筆した本で、死を目前とした患者が吐露した悔いが記されていました。

その本の中で、「自分のやりたいことをやらなかったこと」に加えて、「夢を叶えられなかったこと」が挙げられています。

FIREを目指すことは、様々な選択肢を持つことに繋がり、人生を謳歌《おうか》するためのベースになると私は確信しています。

FIREの実現は特別な人だけではない

「働かずして生きていく」と聞くと、多くの方は非現実的に思うかもしれません。

学校を卒業して就職し、サラリーマンとして働いて給料をもらい、そして家族を養っていくという人生モデルは長い間続いてきた社会のあり方と言ってよいでしょう。

それが普通であり、常識である世の中において、「働かずして生きていく」と言えば、不思議な目で見られてしまうのも無理はありません。

しかもFIREでは、年間支出額の25倍という資産を投資で築き、築いた資産から得られる収益で暮らしていくと言っているのですから、まだまだ投資や資産形成に縁遠い人が多い我が国においては、変わり者と呼ばれてしまうかもしれません。

しかし、FIREは決して非現実的な目標ではありません。

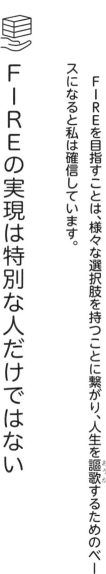

長期的な視点に立ち、確かな手法と不断の努力によって、誰にでも実現可能な人生プランです。

私が勤める日本財託は、本書執筆時（２０２１年11月）には創業32年目を迎え、８７００名以上のマンションオーナー様がいらっしゃいます。

多くの方は、老後に向けた資産形成を目的とされており、ＦＩＲＥが目的とは限りませんが、前述のアンケート調査でお伝えしたように、回答者の７人に１人が経済的自立を確立しております。

そして繰り返しになりますが、その多くの方は、生まれながらにして多額の資産を受け継いだ方ではなく、一般的な会社でサラリーマンとして長く勤めてこられた方々です。**特殊な環境があったわけでもなく、ひたすらひたむきに資産をコツコツ積み上げていった方々です。**

投資と聞くと、２倍３倍になるような華やかなイメージを持たれる方もいらっしゃいます。

しかし、これからご紹介する不動産投資とその手法は決して華やかなものではなく、わくわくドキドキするものでもありません。

正直に申し上げると、極めて地味であり、眠たくなるような単純作業と言ってもよいでしょう。ただ、逆から見れば、精神衛生上はとても穏やかであり、FIRE達成に適した最適な手法なのです。

FIREの原点は「自由人の父」

私が「労働」について意識し始めたのは、小学生の頃です。きっかけは、父の存在です。

父は、地元横浜市で惣菜屋を営んでおり、かれこれ40年以上になります。今となっては父の働き方は羨ましく思いますが、学生の頃の私は違和感を抱いていました。

父は、見えないところで一生懸命仕事をしていたのかもしれませんが、当時の印象は日々、パチンコ屋と雀荘の往復、そして日曜日には競馬に夢中になり、毎晩、居酒屋を3軒はハシゴするのが当たり前。

昼前に仕事へ出ても夕方には切り上げて、家でひと風呂浴びて作業着からよそ行きの服に着替えては、夜の街に遊びに出る、そんな姿を毎日見ていました。

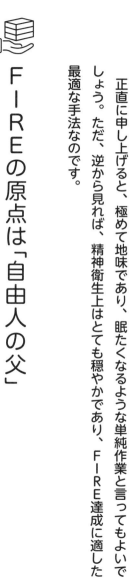

父は事業主でしたので、きっと語らぬ苦労も多くあったことでしょう。しかし、基本的には仕事自体を従業員に任せて、時間と仕事に縛られず、自分の時間を自由に楽しんでいるように見えました。

当時の私は、セミリタイアなどという概念は知るよしもなく、当然、ＦＩＲＥという言葉も世にありませんでした。

しかし、今振り返ってみると、「仕事はほどほどにして、限られた人生を目一杯楽しむ」、そんな父のライフスタイルは今のＦＩＲＥの概念に通ずるものがありました。

また、どこか無意識のうちに、父のような働き方を目指していたと思うことがあります。同級生のお父さんは、朝から晩まで会社で働き、毎月給料を得ているのが当たり前のようでしたが、父は事業を通じて従業員の力を借りて、上手にお金を稼いで生きていたのです。

競馬やパチンコ、麻雀といったギャンブルはさておき、今となっては父の仕事との距離感や、肩の力が抜けた様子はとても羨ましく思います。こうした父の影響もあって、私も仕事と時間に縛られない人生を送るためにはどうしたらよいのか、学生の頃からうっすらと意識するようになりました。

労働による収入には、リスクと限界があること。そして、自由のためにはお金のために働くのではなく、自分のためにお金に働いてもらわなければならないこと、つまり投資の実践を学生の頃から考えていたのです。

私の投資デビューは、株式投資でした。

高校1年生の1年間、一生懸命アルバイトをして40万円の資金を蓄えました。そして高校2年生の春、父に同意書を書いてもらい、証券口座を開設。少し儲けては、大きく損する……。その繰り返しです。

授業中も電子辞書にiPhoneを立てかけて、株価のチャートとニラメッコをしていました。

その年は、インフルエンザが大流行して製薬会社の株で儲けを出したものの、高校3年生の頃に某航空会社が2兆円の負債を抱えて経営破綻。その煽《あお》りを受け、私は株式市場から強制退場を余儀《よぎ》なくされました。

高校生にしては多額の授業料を払わされることになりましたが、それをきっかけとして、株式投資に限らず、投資信託や金、プラチナ、FX（外国為替証拠金取引）、不動産など投資と名の付く本を片っ端から目を通しました。

様々な投資に関する本を多読する中で、インカムゲイン（安定継続して得られる収益）を得る手段として不動産が投資対象として最も合理的であると確信。そして、不動産を軸にした投資戦略（経済的自立戦略）を練ろうと大学2年生頃に方針を定めます。

その後、不動産投資で成功するためには、投資用不動産を扱っている会社に就職することが一番の近道だと考え、不動産投資会社の大手、日本財託に入社。今ではＦＩＲＥを目指す1人の投資家として、そして同じ志を持ったお客様の資産形成のサポートをしています。

では、なぜ私がFIREを達成するために、不動産投資に注目したか。
それは、株式投資にはない、不動産投資ならではの決定的なメリットがあったからです。

本書でお伝えしたいこと

本書では、私自身が取り組んでいるＦＩＲＥを目指すための不動産投資の手法、そしてメリット、デメリットをお伝えしていきます。

この後に続く第２章では、不動産投資とＦＩＲＥがなぜ相性が良いのか、その理由と投資法の魅力について掘り下げて紹介します。不動産投資をはじめて学ぶ方にもしっかりコンセプトが伝わるように解説します。

第３章では、不動産投資でＦＩＲＥを達成するための具体的なロードマップを数字を用いてシミュレーションを行います。

ＦＩＲＥについて書かれた本はたくさん出版されていますが、その手法が不動産投資で、数字にまで落とし込んだ本はほとんどありません。ＦＩＲＥ達成までのイメージを掴んでください。

さらに第４章では、不動産投資の中でも東京の中古ワンルームマンション投資について掘り下げていきます。

不動産投資でFIRE達成まで資産形成を進めるといっても、どのような種類の収益不動産でも良いわけでもありません。空室が発生したとしても、すぐに次の入居者が決まり、価格も手ごろな東京・中古・ワンルームマンションを選ぶ理由を解説します。

第5章では、他人資本で資産形成するために欠かせない投資用ローンの知識と効果的な借り方、返し方をご紹介します。

不動産投資というと、物件選びにばかり注目が集まりますが、実は資金計画も同じように重要です。

どのように頭金を入れて購入するのか、どのように返していくのか、ローンの借り方と返し方によっても資産形成のスピードは異なります。このローンについて詳しく掘り下げます。

第6章は、不動産投資のリスクです。不動産投資もほかの投資と同じようにリスクがあります。特に不動産投資は投資額が大きいため、リスクコントロールは必要不可欠です。不動産投資の代表的なリスクとその備え方を紹介します。

そして、最後の第7章は、FIREを達成するためのマインドセットです。投資法を知り、正しい考え方を身に付ければ、目標達成にもグッと近づくはずです。

働くことは素晴らしいことですが、給与収入だけに依存せず、あなた自身の夢や、やりたいことに全力を尽くせる環境を多くの方に目指していただきたいと切に願いながら、本書を書き進めていきます。

第2章

ＦＩＲＥ達成へ加速をつける不動産投資の魅力

不動産投資がＦＩＲＥの方程式と相性の良い理由

不動産投資は、ＦＩＲＥの方程式と非常に相性が良いと言えます。

生活費がいくらかかるかは、日々の生活を振り返れば、誰でもおおむね試算が可能です。

問題は、利回りが常に一定ではなく、計画的に資産を増やしていくことが難しい点にあります。

株の配当は、代表的な例でしょう。

例えば、高配当銘柄の代名詞でもあったＪＴ《ジェイティー》（日本たばこ産業）は一時７％を超える配当を出していましたが、２０２１年２月に上場来初の減配に踏み切り、株価も10％近く値を下げました。

日産自動車も過去には６％以上の配当を株主に還元しており、高配当銘柄に名を連ねていましたが、今では無配当になってしまっています。

言うまでもなく、企業の業績に左右される株の配当はコントロールのしようのない外部要因の塊《かたまり》であり、ＦＩＲＥを達成するための安定収益源として期待する場合、大きな収益の下振れにも耐えられるような相当な規模の投資を行うか、もしくは徹底した分散投資が重要となるでしょう。

ＥＴＦ（上場投資信託）や投資信託であれば、個別株ではないので、１つの投資先でも結果として分散投資をすることが可能ですが、リーマンショックのようにマーケット全体が落ち込んだ時には、個別株と同じように大きな影響は避けられません。

ＦＩＲＥを目指すためには、可能な限り、毎年一定の利回りで運用し続けることが重要になりますので、株式市場に投資をする限り、万全とは言えないのが実情です。

この点、不動産投資の魅力は、購入時点で利回りがほぼ確定的であること、そして、利回りが多少ブレるとしても極めて限定的あるいは予想しやすいことです。

どのエリアで不動産投資を行うのか、加えてどのような不動産を投資の対象として取得するのかにもよりますが、一般的に不動産の収益の源泉である賃料には、「下方硬直性《かほうこうちょくせい》」と呼ばれる性質があります。下方硬直性とは、一度価格が決定されると、なかなか下落しづらいという特徴を表した用語です。

つまり、エリア選定さえ間違えなければ、家賃は下がりづらいのです。

では、なぜ不動産投資の収益は安定しているのでしょうか。

それには、外部環境と契約という2つの理由が挙げられます。特に、後述する東京23区内のワンルームマンションにおいては、その傾向が顕著です。

まず環境という視点において、東京では、ワンルームマンションの居住者となる若者（単身層）が増え続けており、単身向け住宅のニーズは底堅く推移しています。にも関わらず、新築物件の新規供給が減少しており、受け皿となる物件数が伸び悩んでいる背景があります。

つまり、先細る物件の供給状況と増え続ける入居者の賃貸需要という観点から、東京、その中でも特に23区内のワンルームマンションは賃料の下落圧力が極めて少ないと言えます。

また、不動産の賃貸借契約の内容も下方硬直性をもたらす要因の1つになっています。一般的に、賃貸借契約の期間は2年間となっており、貸主と借主の合意がなければ、期間中に賃料が変動することはありません。また、多くの場合はその契約は複数回更新されます。

株価を大きく上下させる経済環境の変化は頻繁に発生し、コントロールすることは当然、容易ではありません。

しかし、不動産の場合は、賃料が変動する可能性が巡ってくるのは数年に1度です。加えて投資物件の購入の前に周辺の賃料相場（収益性）を調査することもできますし、投資エリアや投資物件固有のスペックを絞ることによって、あらかじめ賃料の下落要素を排除された物件を購入することも可能なのです。

不動産投資の魅力は、収益のブレが限定的かつ予測がしやすい点であること、これはすなわち利回りが確定的であることです。

毎年、毎年、決まった家賃収入が入ってくるので、ＦＩＲＥに向けたロードマップを描く上では合理的な選択肢の１つであると言えます。

他人資本を最大限有効活用できる不動産投資

昨今、「ＦＩＲＥ」をテーマにした本や記事が溢《あふ》れ、その多くは株式による配当収入を軸としたものであり、特に米国株式高配当銘柄への集中投資が挙げられています。

特に目に留まるキーワードに、「入金力」という表現があります。いかにして毎月の給与から株式へ多く投じることができるのか、つまり「証券口座への入金力（資金力）」が目的達成を左右するポイントであると認識されているのです。

当然のことながら、仮に同じ利回り４％だとしても、１万円の４％では４００円ですが、１億円の４％では４００万円となります。

投資元本を膨らまさなければ、いくら効率の良い投資を行ったところで、人生を大きく変えるほどの力とはならず、当然、ＦＩＲＥ達成もずいぶんと遠い先の話になってしまいます。

投資活動を通じて得られる収入を表す方程式は、**図1**のように表現できます。

図１

投資元本 × 利回り × 時間 ＝ 利益

これはどんな投資にも共通する方程式です。

「投資」と聞くと、多くの方は「利回り」に注目しがちです。利回りは、その投資の効率性を測るモノサシであり、投資を語る上では切っても切り離せない重要な要素の１つであることに異論はないでしょう。

しかし、前述の通り投資元本が大きくなければ、いくら利回りが高くても目立った利益には繋がらず、投資期間が短ければ複利の効果も得られず、大きな利益には繋がりません。また、高い利回りを求めることは、必然的に高いリスクを背負うことを意味します。投資の世界では、リスクとリターンは必ず比例する関係にあるからです。

では、リスクを抑えて、効率良く利益を求めるにはどうすればよいのか。それは、皆さんもお気づきのように、「投資元本」と「時間」を最大化すれば良いのです。

そのポイントが、レバレッジ力です。

証券投資にはない不動産投資の魅力は、金融機関から借り入れを行うことで、一気に投資元本を膨らませることができる点です。

株を買うのにお金を貸してくれる銀行はありませんが、不動産投資のために融資をしてくれる銀行はたくさんあります。それは、不動産投資はエリアや物件さえ確かであれば、景況感に左右されず、着実に収益を生み出してくれる資産であると銀行が評価しているからです。

このコロナ禍の影響でたくさんの企業が大きな影響を受けていますが、一方で、着実に収益を上げている企業もあります。実は、こうした企業の多くが不動産投資の恩恵を受けています。

今では有名な話ですが、新聞購読者の減少が著しい新聞各社は、新聞発行部門こそ赤字ですが、会社全体では手堅く利益を残しています。不動産部門が収益を下支えしているのです。

また、大手企業であっても本業が低迷しているにも関わらず、同じように不動産関連事業を通じて収益を底支えしている企業もたくさんあるのです。

例えば、映画や演劇を手掛ける松竹株式会社でも両部門を合わせて約70億円の赤字でしたが、不動産事業は50億円を超える利益で業績の下支えとなっています。

だからこそ、優良な不動産であれば金融機関も積極的に融資をしてくれるのです。

あなたに今現在、手元に多額の資金がなくても、金融機関による融資の力を活用することによって、不動産投資をスタートできます。

この「他人資本である金融機関からの融資を活用できること」が不動産投資の魅力の1つと言えるでしょう。

実はもう1つ、不動産投資では他人資本が活用できます。

それは、購入した不動産を借りて毎月、家賃を支払ってくれる入居者です。

不動産投資の借り入れは、マイホームの住宅ローンとは異なり、毎月入居者からいただく家賃収入を投資用ローンの返済に充てることができます。自分自身の借入であるにも関わらず、他人（入居者）の力を借りてローンの返済が進むのです。

すなわち、証券投資で言い換えるならば、入居者（他人）が自分のために「入金」してくれるのです。

そう考えると、自宅を購入し、住宅ローンを抱えて返済に追われるよりも、投資物件を購入して他人が返済してくれる投資用のローンを組むほうが精神的にも経済的にもハードルが低いと私は感じますが、あなたはどう感じるでしょうか。

証券投資は、自分自身のお財布から投資元本を支出しなければならないのに対して、不動産投資では物件購入における頭金は最初に必要ですが、その後は「金融機関」と「入居者」という他人資本で資産が自動的に形成できる、ある意味「他力本願《たりきほんがん》」な点が何よりの魅力です。

利回り3・8%の不動産投資と7%の証券投資、なぜ13年後の資産額は変わらないのか？

ここで、入居者の力を使って資産形成した際の効果を分かりやすくシミュレーションしてみたいと思います。

ある資産額に達するために、必要となる時間を不動産投資とドル建て投資信託で比較してみましょう。年間１００万円を資産形成に使える人が、資産額２０００万円を目指すケースで考えてみます。

不動産投資の場合、投資物件は中古のワンルームマンションで価格２０００万円。家賃収入から管理費、修繕《しゅうぜん》積立金、管理代行手数料を差し引いた手取り利回りは、３・８%の物件です。この物件を金利１・７%、借入期間35年のフルローンを組んで購入するとします。

毎年１００万円ずつ繰上返済を行うと、約13年でローンを完済でき、資産２０００万円に到達します。

では、仮に7％の運用利回りが期待できる投資信託の場合は、どうでしょうか（運用利息は、すべて元本に組み込み再投資されるものとします）。

毎年１００万円、月に直すと８万３３３円ずつ積み立て投資をしていくと、２０００万円に到達するのは、やはり約13年後です。

３・８％と7％。利回りの数字としての差がありますが、ほぼ同じスピードで資産形成ができるのです。

投資信託に比べて利回りが低いはずのワンルームマンション投資が同じ期間で同じ額の資産形成ができるのには、理由があります。

それが入居者の力です。

投資用ローンの返済は、あなた自身の１００万円の繰上返済に加えて、毎月に家賃収入からも返済が進んでいきます。あなたと入居者の２人の力でローンを返済していくので、これだけ早く資産を作れるのです。

もちろん、実際の投資にあたっては、このシミュレーションに入っていないコストやリスクも踏まえて検討すべきでしょう。不動産投資であれば、空室リスクや金利上昇リスク、原状回復工事のコストなど、外貨建ての商品であれば地政学リスクや為替リスクを念頭に置く必要があります。

そもそも、投資商品を検討する際、同じ「利回り」という言葉を使っていても、意味が異なるものを指していることが多い点には注意が必要です。

株式における配当利回りや、不動産における利回りは、元本の額に対して得られる果実です。イソップ童話の『金の卵を産むガチョウ』でいえば、ガチョウが産んだ金の卵の数ですよね。

それに対して、投資信託における運用利回りは、投資元本の累積の増加率を年換算したもの。いわば、ガチョウ自身が肥えたことによる体重＝売値の上昇率です。

「不動産投資と投資信託、どっちが良い？」という質問は、「卵と鶏肉、どっちが美味しい？」という質問に等しいでしょう。

そもそも種類が違うものを並べて比べてもあまり意味がないですし、両方とも、美味しいですよね。

「毎月コツコツ積み立てる投資信託７％」と、「借り入れができる価格２０００万円の都心中古ワンルーム３・８％」の利回りの数字だけに囚われるのではなく、数字の裏側にある意味合いもしっかりと認識して、投資手法を使い分けていきましょう。

不動産投資は資産拡大を自動化させるエスカレーター

図2

貯金は上り階段、不動産投資は上りエスカレーター

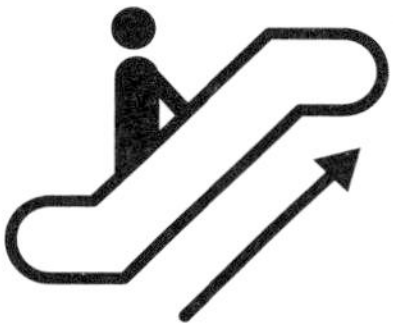

不動産投資は
資産運用における
“エスカレーター”
（立ち止まっていても負債は自然と減り、純資産は右肩上がり）

不動産投資のローンを繰上返済することは、
上りエスカレーターを自らの足でも登ってしまうこと

私は、**図2**のように「貯金は上り階段、不動産投資は上りエスカレーター」であると表現しています。

貯金も立派な資産形成の1つですが、貯金という手法では自分自身の足で一歩ずつ上らなければ上へと資産は積み上がりません。だから、貯金は上り階段です。

一方、不動産投資は、上りエスカレーターです。立ち止まっていても自動的に上へ上ってくれます。なぜならば、入居者からいただく賃料収入で負債が減っていき、同時に純資産が自動的に積み上がっていくからです。

第5章で後述する繰上返済は、「上りエス

カレーターを自分の足で駆け上がること」を意味します。

実際にエスカレーターを駆け上がることはマナー違反ですが、不動産投資においては有効な手段の１つとなります。

金融機関と入居者という他人資本を上手に活用して、資産形成の自動化を図るのが不動産投資なのです。あなたにも早く上りエスカレーターに乗っていただき、ＦＩＲＥ達成に向けて取り組んでいただければと思います。

利益はキャッシュフローだけではない

不動産投資による利益は、毎月手元に残るキャッシュフローだけではありません。むしろ、手元に残るキャッシュフローは、利益のほんの一部に過ぎないと言っても過言ではありません。

仮に２０００万円の借り入れを金利１・７％かつ35年ローンで融資を組んだ場合、月々の返済額は６万３２１５円となる試算です（**図3**）。

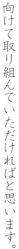

図3

元利均等返済のため、時間が経過するごとに借入元本は加速度的に減る

年	回数	金利	返済額	利息	元金	元金残高	備考
1	1	1.700	63,215	28,333	34,882	19,965,118	
	2	1.700	63,215	28,283	34,932	19,930,186	
	3	1.700	63,215	28,234	34,981	19,895,205	
	4	1.700	63,215	28,184	35,031	19,860,174	
	5	1.700	63,215	28,135	35,080	19,825,094	
	6	1.700	63,215	28,085	35,130	[illegible]	
	7	1.700	63,215	28,035	35,180	19,754,784	
	8	1.700	63,215	27,985	35,230	19,719,554	
	9	1.700	63,215	27,936	35,279	19,684,275	
	10	1.700	63,215	27,886	35,329	19,648,946	
	11	1.700	63,215	27,836	35,379	19,613,567	
	12	1.700	63,215	27,785	35,430	19,578,137	
2	24	1.700	63,215	27,178	36,037	19,149,046	
3	36	1.700	63,215	26,561	36,654	18,712,603	
4	48	1.700	63,215	25,933	37,282	18,268,683	
5	60	1.700	63,215	25,294	37,921	17,817,156	
6	72	1.700	63,215	24,644	38,571	17,357,895	
7	84	1.700	63,215	23,984	39,231	16,890,764	
8	96	1.700	63,215	23,312	39,903	16,415,631	
9	108	1.700	63,215	22,628	40,587	15,932,357	
10	120	1.700	63,215	21,932	41,283	15,440,803	
11	132	1.700	63,215	21,225	41,990	14,940,826	
12	144	1.700	63,215	20,506	42,709	14,432,284	
13	156	1.700	63,215	19,774	43,441	13,915,027	
14	168	1.700	63,215	19,030	44,185	13,388,908	
15	180	1.700	63,215	18,273	44,942	12,853,777	
16	192	1.700	63,215	17,503	45,712	12,309,475	
17	204	1.700	63,215	16,719	46,496	11,755,849	
18	216	1.700	63,215	15,923	47,292	11,192,739	
19	228	1.700	63,215	15,113	48,102	10,619,981	
20	240	1.700	63,215	14,288	48,927	10,037,409	
21	252	1.700	63,215	13,450	49,765	9,444,856	
22	264	1.700	63,215	12,598	50,617	8,842,152	
23	276	1.700	63,215	11,730	51,485	8,229,120	
24	288	1.700	63,215	10,848	52,367	7,605,584	
25	300	1.700	63,215	9,951	53,264	6,971,367	
26	312	1.700	63,215	9,038	54,177	6,326,284	
27	324	1.700	63,215	8,110	55,105	5,670,148	
28	336	1.700	63,215	7,166	56,049	5,002,770	
29	348	1.700	63,215	6,206	57,009	4,323,959	
30	360	1.700	63,215	5,229	57,986	3,633,517	

1年目は42万円の借入元本の減少

10年目は49万円の借入元本の減少

20年目は58万円の借入元本の減少

2,000万円（1.70%/35年ローン）繰上返済なし、金利変動を想定せず

この6万3215円のローン返済額は、利息の支払い分と借入元本の返済に分けることができます。利息は銀行の収入となりますが、ローンの元本返済は、負債の減少と同時に純資産の上昇を意味します。

この例では、毎年40万円以上の借入元本が自然と減っていきます。元本が減るということは、同時にあなたの純資産が増えていくことと同義です。

毎月手元に残るキャッシュだけが経済的果実なのではなく、この元本返済額、すなわち純資産の増加こそが最大のメリットなのです。

実は、この目に見えない資産拡大効果のメリットが認識できるかどうかで、不動産投資に対する見方も変わってきます。

私自身が実践している東京23区内の中古ワンルームマンション投資は、ほぼフルローンで35年間の期間で融資を利用した場合、手取りの家賃収入から毎月の経費を差し引くと数千円程度が手元に残ることになります。

「2000万円を借り入れたのに、毎月たったの数千円しかプラスにならないのか」

きっと多くの方がそう感じるはずですが、実はここに大きな勘違いがあるのです。

お伝えしたように、毎月ローンを返済していくたびに、支払い利息とは別に、元本も返済されていきます。あなたの純資産が年間40万、50万、60万と年を追うごとに増えていくのです。

これは入居者がいて家賃収入が入ってくれれば、確実に起こる資産拡大です。頭金を100万円投下して不動産投資を始めて、毎年資産拡大が数十万円も続くと考えたら、不動産投資の見方も変わってくるのではないでしょうか。

株式投資において100万円を元手にし、毎年毎年数十万円ずつ勝ち続けられる人はそう多くないはずです。不動産投資であれば、純資産の拡大という形で、毎年着実に勝ち続けることができるのです。

時間は本当にお金を生んでくれる

融資を利用する場合、ほとんどが「元利均等返済《がんりきんとうへんさい》」と呼ばれる方式でローンを返済していくことになります。

図4

投資物件の価格が下落しても売却時に利益が得られる場合がある

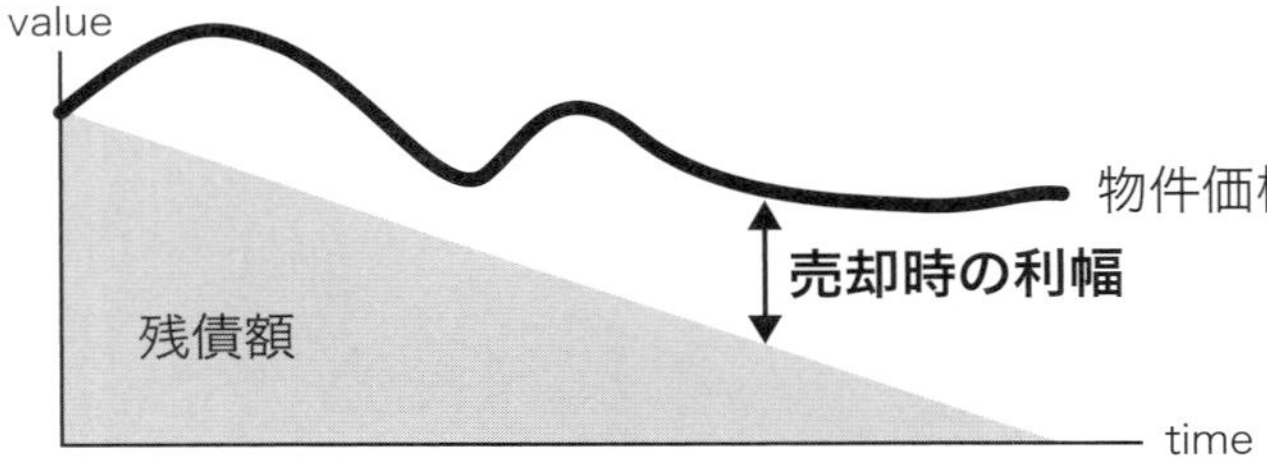

投資物件の価格は良くも悪くも上昇と下落を繰り返すが、
借入元本は常に右肩下がりであり、減少を続ける。
一般的に物件価格の下落よりも残債額の減りの方が早いため、
売却時に乖離部分が利益として残る。

元利均等返済は、利息と元本の合計額を毎月一定額にして支払っていく方法です。利息は借入元本に対して発生するため、借入額が大きく残っているはじめのうちは、返済額に占める利息部分が大きくなってしまいます。

しかし、借入元本が少なくなるにつれて、利息の支払い額が小さくなり、反対に借入元本に充当される金額が大きくなることになります。

つまり、年を追うごとに純資産の拡大スピードも加速度的に速まっていくのです。

そして、将来の売却価格とローン残債額の差は、売却時のキャピタルゲイン(売却益)となります。要するに、借入元本の減少は、不動産投資における含み益と同義であると言えるのです。

例えば、２０００万円のマンションをフルローンで購入し、購入後5年間で元本を２５０万円返済したケースで考えてみましょう。

もし、この物件が購入時と同じ２０００万円で売却できたとしたら、元本返済額と同じ売却益は２５０万円です。価格が１００万円下落して１９００万円になったとしても、まだ売却益は１５０万円確保できることになります。

もちろん、売却に伴う税金や諸経費を考えれば、売却益はその分少なくなりますが、返済額が含み益として積み上がっていくという考え方は変わりません。

毎年、元本返済が50万円進むのであれば、投資をしていない場合、同額の利益を機会損失していることになります。

つまり、不動産投資を始めるのが5年も遅れてしまうと、２５０万円もの機会損失になってしまいます。

東京オリンピック前に、よくお客様からオリンピック後のマンション価格についてのご相談をいただきました。

「オリンピック後に価格が下がるのではないか、そうであれば下がってから購入すればよいのではないか」というものです。
新型コロナウイルスの影響もあって開催は1年延長され、2021年の夏にオリンピックが終了しましたが、本書の執筆時（2021年11月時点）では、価格が下がる兆候はありません。

ただ、私がお伝えしたいのは、価格が上がった下がったという予測ではありません。
これまで、こうした質問をいただいたお客様にお伝えしてきたのは、「将来の価格に目を向けるのではなく、目の前の資産拡大効果に注目しましょう」ということです。

東京オリンピックの開催が決定したのが2013年。あれからもう8年が経過しました。
当時、オリンピック後の価格動向を気にせずに、不動産投資を始められた方は、元本返済を通じて、着実に資産が拡大しているのです。仮に毎年50万円の元本返済があったとすると、8年間で400万円もの資産拡大です。

将来の不動産価格の動向を気にして投資に踏み出せない方は、ぜひ不確かな将来に望みを託すよりも、今、あなたの決断で将来の資産拡大をつかみ取ってほしいと思います。

利回りではなく、時間と資本があなたをFIREに導いてくれる

投資で最も重要なことは、投資活動を通じて利益を上げることです。利益を確保し、資産の拡大を図っていくことが重要です。

不動産投資に限らず、様々な資産形成（投資）において重要となる考え方は、前に述べた「資本×利回り×時間＝利益」という方程式です。

投資の原則として、資本と利回りと時間の掛け算で利益が積み重なっていきます。そして、足し算ではなく、掛け算なので、どれかがゼロだと利益もゼロとなります。

ただ、投資と聞くと、多くの人は「利回り」に着目します。

たしかに利回りは、対象となる投資案件の効率性を測る大切な指標ではあります。しかし、利回りばかりに注目して、「資本」と「時間」については、多くの方が見落としてし

まいがちな盲点であると感じます。

いくら利回りが高くても、資本が小さければ目立った利益にはなりません。利回りがたとえ10％であっても、資本が10万円では利益は1万円です。

資本が大きく、利回りも高くても、投資期間が短ければ、これもまた利益は積み上がりません。

投資の世界では、リスクとリターンは比例する関係にあります。

投資家はリスクに見合ったリターンがあると思えば投資を行い、リスクに見合わないリターンしか得られないと感じれば投資を見合わせます。当然の行動であり、リスクとリターンは必然的な比例関係にあります。

すなわち、高いリターンを期待するということは、高いリスクを背負う覚悟とセットになるのです。

本書のテーマは、不動産投資を通じて実現するFIREです。長期にわたって安定した収入の柱を作り、時間と仕事に縛れないライフスタイルを実現することが目的です。

その目的を達成する手段としての投資において、高すぎるリスクは好ましくありません。

生活費のベースとなる資産収入が高いリスクに晒されていては、真の意味で「経済的自立」とは言えないのではないでしょうか。

だからこそ、リスクを抑えた投資を実践する必要があります。

すなわち、それは同時に「高い利回りはさほど期待できないこと」を意味します。

では、決して高いとは言えない利回りでも、利益を最大化するためにはどうすればよいのか。

そのためには、「資本」と「時間」を最大化する必要があるのです。

不動産投資は、投資額も大きく二の足を踏んでしまう人も少なくありません。しかし、逆にそれが好条件なのです。

資本が大きいからこそ、小さな利回りでも利益の絶対額にすれば、目を見張る利益になるのです。数ヵ月あるいは数年という単位ではなく、10年、20年という期間での投資を前提にするからこそ、利益が大きく膨らみ、あなたの人生に経済的・精神的そして時間的余裕をもたらしてくれるのです。

「はじめての投資なので、小さくスモールスタートを切りたい」

とのご要望を耳にします。

もちろん、そういった考え方を否定するつもりはありませんが、特に投資の世界では価値と価格は正比例する関係にあります。

価格の低い物件には、低いなりの理由があり、その価格で流通していることを忘れてはいけません。数百万円の地方の中古ワンルームや戸建《こだ》てで行う不動産投資もまれに聞きますが、スモールスタートを切ることによるリスクも十分に把握する必要があるでしょう。

「資本」「利回り」「時間」は、どれも欠かすことのできない資産形成（投資）における重要な存在ですが、もし仮に、どれが最も重要な指標であるかと問われれば、私は迷わず「時間」と答えます。

時間は、誰にでも平等に与えられた投資資源である一方、刻一刻と目減りしていく取り返しの利かない尊い投資資源でもあります。

私は、日々不動産投資を中心に資産形成や投資に関する相談を承っており、まれにお客様より「半年から1年は、勉強の期間にしてみたいと思います」と言われることがあります。

そのお気持ちは否定しませんが、本当に半年あるいは1年の検討期間が必要なのか、その期間中に何を勉強して、何がクリアになったら決断できるのかをお聞きしています。

例えば、月に８万円得られる投資物件があるとします。現金で購入すれば、１年あたり約１００万円の収益がもたらされるわけですが、その物件を購入するかどうか１年間検討すれば、投資をしていれば得られたはずの１００万円を取り損ねることになります。

もちろん、じっくりと検討することは重要ですが、その１年間の検討期間が１００万円という価値に相当するかというと怪しいのではないでしょうか。

繰り返しになりますが、ローンを利用して物件を購入した時でも、元本返済という形で目に見えない資産拡大が起こるのです。そもそも、半年間、１年勉強あるいは検討しなければ結論が出そうにない投資には手を出すべきではありません。

私は、「２ヵ月間、勉強あるいは検討をして決断できなければ、どんな投資も見合わせたほうが良いです」とお伝えすることがあります。

サラリーマンとしての本業が忙しかったり、あるいは慣れない投資に対して情報収集をする時間として１ヵ月は少々足りないように感じますが、３ヵ月は十分すぎると思います。

3ヵ月の時間を要したのに結論が出ないのは、あなたの価値観に合わない投資であるか、もしくはリスク許容度を超えた投資であるか、はたまた本気で検討していないからです。

本気ではないということは、言い換えれば、その投資に対する目的意識が不明確である可能性が指摘されます。

投資は、目的ではなく手段に過ぎません。なんのために投資を行い、10年後、20年後にその投資によってどうなっていたいのかが定まっていれば、自ずとどのような投資を行う必要があるのかは定まってくるはずです。

投資に対してじっくりと検討を重ねることも重要ですが、検討期間は機会損失を産んでいる期間でもあります。

いつまでに結論を出すのか、何がクリアになったら結論を出せるのかをご自身で決められてから、検討されることをお勧めいたします。

コラム

収益計算の基礎知識「5つの利回り」

ここまで不動産投資の魅力を中心にお伝えいたしました。では、その魅力について定量的に測る指標として5つの利回りをご紹介します。

「利回り」という投資の効率性を測る指標がありますが、単に「利回り」という言葉では少々曖昧《あいまい》な表現になってしまいます。

次にご紹介する5つの利回りを理解して、物件を選ぶ際のモノサシにしていただければと思います。

●グロス利回り（表面利回り）

いわゆる、表面利回りのことを指し、ランニングコストを考慮していない利回りです。

「（年間賃料収入÷物件価格）×１００」で計算されます。インターネット上の収益物件などは、主にグロス利回りで表記されているため注意が必要です。

また、不動産会社が提示する利回りも一般的にグロス利回りであるため、次に説明するネット利回りを自身でも計算することが肝要でしょう。

●ネット利回り（実質利回り）

所有中のランニングコストを差し引いた利回りとなります。

所有中のランニングコストとは、建物管理費や修繕積立金、賃貸管理費（集金代行費）や家賃の送金手数料などが挙げられ、グロス利回りより実態を映した利回りとなります。


「{(年間賃料収入－年間総コスト)÷物件価格}×１００」で計算されます。

●ＣＣＲ（自己資金収益率：Cash《キャッシュ》 on《オン》 Cash《キャッシュ》 Return《リターン》）

自己資金に対するキャッシュフローの割合（収益率）を示した指標となります。

例えば、１００万円の自己資金で不動産投資を行い、年間の賃料収入からコストとローン返済額を差し引いた手元に残るキャッシュフローが仮に年５万円であったなら、ＣＣＲは５％となります。

融資を活用した不動産投資においては欠かすことのできない指標となります。

ＩＲＲ（内部収益率：Internal《インターナル》 Rate《レート》 of《オブ》 Return《リターン》）

購入時の投資支出、保有中のキャッシュフロー、売却時の利益も含めた収益性を測る全期間利回りとなります。

グロス利回りやネット利回り、ＣＣＲは単年度で収益性を測るのに対して、ＩＲＲは投資期間を考慮したモノサシとなります。

ただし、売却時の利益は、売却額が定まらなければ確定できません。10年後あるいは15年後の不動産価格を想定することは非常に難しいため、あくまで想定値になってしまいますが、物件が値上がりした場合、値下がりした場合などいくつかシナリオを作り想定することは重要でしょう。Ｅｘｃｅｌで簡単に計算ができますので、試してみることをお勧めします。

ＩＲＲは収益率を測るモノサシとして有用ですが、投資規模を無視しているため、必ずしもＩＲＲが高い案件が合理的な選択肢とも限らない点に注意が必要です。

●FCR(総収益率：Free《フリー》 & Clearly《クリアリィ》 Return《リターン》)

ネット利回りに想定空室損や購入時の諸経費も考慮した利回りとなります。

「空室損も考慮したコスト控除後収入÷購入総額（売買代金＋諸費用）×１００」で計算されます。空室損については、結論から申し上げますと、東京23区内であれば２～３％程度と見積もって差し支えないと考えます。

弊社・日本財託では、現在２万４０００戸ほどの賃貸物件を管理しており、その平均入居期間は３年４ヵ月です。一度の入退去に伴う年間平均空室日数は27日間となります。したがって、41ヵ月につき、およそ1ヵ月分の空室ロスとなるため、平均空室損は２・２％となります（日本財託の管理物件。２０２０年実績）。

以上５つの指標については、不動産投資の成果を定量的に測った上で投資の最終判断を下すべきでしょう。

第3章

20年でFIREを達成するためのロードマップ

FIREへの道筋

では、ここから具体的により豊かな人生を歩むための、FIREへの道筋について考えていきたいと思います。

基本となる方程式をもう一度おさらいすると、**図1**のようになります。

FIREを目指す際には、まず目標となる資産額を決めることが第一です。

資産額を決定するにあたっては、**図2**のように生活費を念頭に不労収入額が決まり、この不労収入額を投資利回りで割り戻すことで、目標となる資産額が決定します。

総務省統計局の調査によると、全世帯の消費支出は、1世帯当たり平均27万7926円となっています。

そこで月額30万円、年間360万円の生活費を資産から得られる不労収入で賄うことを目的に資産額を計算します。

投資利回りとして4%を前提にすると、必要な資産額は**図3**のように9000万円という計算になります。

図1

投資元本 × 投資利回り = **不労収入額**

不労収入額 ≧ 生活費

図2

$$目標資産額 = \frac{不労収入額（生活費）}{投資利回り}$$

図3

$$\frac{\text{不労収入額（生活費）}\ \mathbf{360万円}}{\mathbf{4\%}\ \text{投資利回り}} = \text{目標資産額}\ \mathbf{9{,}000万円}$$

個人的には、月に30万円もあれば、だいぶゆとりのある生活を送ることができると感じますし、働かずに毎月30万円を得られるならば、多くの人にとって魅力的に感じるのではないでしょうか。少なくとも、平均的な支出は賄うことができる水準です。

私は、これまでにたくさんのお客様の資産形成をサポートしてきましたが、数千万円の高年収であっても漠然と貯金をしてきただけの方や、あるいは馴染みのある個別株を気が向いた時だけに取引してきた方もいます。反対にサラリーマンとして一般的な給与水準ですが、それこそ就職してから投資の種銭を貯めて投資をスタート、40代前半でFIREを実現された方も見てきました。**両者が決定的に異なるのは、目標の有無です。「いつまでに、いくらの資産を築きたいのか」をまず決めることです。**

「散歩のついでに富士山に登った人はいない」

経営コンサルタントの小宮一慶さんの言葉です。

目標を定めずに漠然と行動しているだけでは、決して大きな成果を出すことはできません。

仮に目標とする年齢までに資産が築けなかったとしても、目標を持たずに漠然と行動していた時よりも、はるかに多くの資産を築けているはずです。これは、確信を持ってお伝えできます。

特にFIREという高い目標を掲げて資産形成に邁進《まいしん》していくことは、あなたを想像以上に遠い場所まで運んでくれるはずです。

数年前に、老後2000円問題が話題になりました。「老後20〜30年間で約1300万円〜2000万円が不足する」という試算を金融庁が発表したことで、大きな議論を巻き起こしました。当時の麻生財務大臣が報告書の受け取りを拒否するという異例の事態にまで発展しています。

報告書はあくまでもモデルケースであり、必要になる老後資金はご家庭の状況や希望するライフスタイルによっても異なるので、一概に不足額は言えませんが、実はこの試算には介護費用は含まれていないことをご存知でしょうか。介護費用を考慮すれば、不足額はもっと大きくなることも考えられます。

中には、2000万円も不足しないご家庭もあるかもしれませんが、大半のケースでは2000万円ではとても足りないのではないかと危惧しています。

こうした老後の不安も早期の経済的自立の実現を目指して行動をしていくことで、自ずと解消できると考えています。

私は趣味が登山で、毎年、富士登山をしています。今まで5回登頂しました。

2020年は新型コロナウイルスの感染拡大の影響もあり、富士山には入山できずに、代わりに長野県の燕岳《つばくろだけ》という２７００メートルほどの山と、山梨県の大菩薩嶺《だいぼさつれい》という２０００メートルほどの山に登ってきました。

山を軽視しているわけではありませんが、３７００メートルほどの富士山に何度も登っていると、２０００メートル級の山は、それほど大変なことではありません。

老後のお金の問題も同様です。

FIREという大きな目標を掲げて資産形成に取り組んでいただければ、その先に迎える老後の生活資金の問題は、ずっと楽に解消できるはずです。

ぜひ、あなたにはまず高い目標を掲げていただいて、資産形成にお取り組みいただければと思います。

投資と投機の違いは明確に

ここで投資と投機、すなわちギャンブルとの違いについて一緒に考えてみたいと思います。

いまさらという方もいるかもしれませんが、自分では投資と思ってやっている行動が実は投機、ギャンブルであるということも少なくありません。

まず投資は、成長が期待できる資産を購入して、基本的には長期にわたって保有・運用し、利益を得ていくものです。企業の成長性や社会への貢献度に期待して株を買ったり、あるいは家賃収入を得ることを目的にした収益不動産の購入も投資の代表格です。

一方、投機は、その対象が生み出す付加価値は考慮せず、短期的な価格変動によって利益を得るものです。言い方を変えれば、投資は〝価値〟に対してお金を投じる行為であり、投機は〝確率〟にお金を投じる行為と言えます。

株式投資における個別株投資も長期的な視点を持って、企業の成長を見越してお金を投じるのであれば、立派な「投資」に該当します。

しかし、短期的かつ企業の生み出す付加価値を考慮せずに、毎日株価の上下に一喜一憂しているようでは、投資ではなく、それは「投機」です。

また、気を付けなくてはいけないのが、せっかく投資をしていたにもかかわらず、一時的な市場全体の下落によって、株や投資信託、不動産を手放してしまうことです。これを狼狽《ろうばい》売りと呼び、典型的な失敗パターンとなります。

あくまでも「投資」を選択しているわけですから、「投機」のように短期的な売買によって利益を得るためにお金を投じているわけではありませんので、ぐっとこらえて投資を続けることが大切です。

特に、相場の下落局面では、安く投資商品を手に入れることもできるわけですから、狼狽して売りの一択ではなく、冷静に見極めて追加で購入するという選択肢も考えてみましょう。

かくいう私も高校時代に行っていた株式投資は、投資ではなく投機でした。自分で分析したつもりになって株価が上がりそうな株を買い、短期的な上下を気にして、授業そっちのけでｉＰｈｏｎｅを使って株価とニラメッコをしていました。投資と投機を勘違いした典型的な行動です。

今でも個別株への投資も継続していますし、ＦＸや暗号通貨に多少のお金を投じたこともあります。ただ、これは、経験を通じてほかの投資商品の特徴を知るためであり、根っからの投資好きということから趣味の一環で行っているものです。

私自身の資産形成の軸となっているものは、やはり不動産投資です。

収益物件を購入する立地さえ間違えなければ、毎月安定して家賃収入が入ってくるので、資産は着実に大きくなっていきます。

ほかの投資のように勝った、負けたと一喜一憂することもありません。長く持てば持つほど、定期的に入ってくる家賃収入で利益が積み重なっていくので、将来の資産形成を計画的に行っていく手段としては最適です。しかも、不動産価格は安定しているので、株価と違ってチャートを見るということは必要ありませんし、心理的にも平穏でいられます。

本当にＦＩＲＥを実現するのであれば、投機を行って大切なお金を失ってはいけません。あなたが今、行っている投資は本当に投資でしょうか？　それとも投機でしょうか？

再現性のある投資だからＦＩＲＥを達成できる

たくさんの投資商品、投資手法が世の中にはあります。中には、商品や投資手法がたくさんあってどうしたらよいか分からないという方も多いのではないでしょうか。

投資手法を選択する際の最も大切なポイントは、再現性です。

巷《ちまた》に溢れる投資ノウハウの中には、その時代、その人だからこそ実現できたであろうという「再現性のないもの」もしばしば散見されます。

誰でも同じように行えば、同じような結果がもたらされるような、いわゆる再現性がなければ、どのように華やかな投資話、魅力的な投資話であっても、自分自身に落とし込めない以上は意味がないと感じます。机上の空論に過ぎないわけです。

つまり、個人のスキルや能力、環境に依存しない投資手法であることが欠かせません。

その上で「収益の向上が期待できる成長性」と「資産価値の落ちづらい希少性」を持つ資産に対して、短期的視点ではなく長期的視点でコツコツと投資をしていくことがポイントです。これが投資の王道です。

投資資金を守りながら増やすコアサテライト戦略

資産形成を考える上で切っても切り離せないポイントに、「コアサテライト戦略」というものがあります。

これは、投資資金を守りながら増やす戦略です。

コアとなるものは、景気や時代に左右されにくく、安定した運用が実現できる守りの投資商品を指します。

一方、サテライトは積極的にリスクを取り、高いリターンを狙った投資商品を指します。個別株やレバレッジを効かせた為替取引、暗号通貨などが代表的なサテライト投資です。

このように、リスクとリターンの異なる投資商品を組み合わせて、投資先の配分を考えます。この時の配分の目安としては、大きなリターンはありませんが、安定着実に利益を積み上げてくれるコア資産を少なくとも80％程度を維持し、比較的リスクとリターンの大きいサテライト部分は多くても20％程度に留めるべきだという考え方が一般的です。

コア資産という守りがあるからこそ、地に足が着いた堅実な資産形成が実現できます。

そして、このコア資産にふさわしい投資先が再現性が高く、手堅く資産形成を行える都内の中古ワンルームマンション投資です。

なぜかと言いますと、収益性、安定性、それから融資、この3つのポイントで非常に優れているからです。

まず「収益性」です。東京23区においては、どこのエリアをご購入いただいたとしても、実は利回りにはほとんど差がありません。

それから「安定性」です。千代田区、港区、中央区といった都心3区のような〝超〟がつくほどの好立地の物件と、23区の千葉や埼玉よりのエリアであっても、実は空室日数や入居率に大差はありません。

それから、不動産投資は、ほとんどの場合、借り入れを前提にお話を進めさせていただくケースが多く、「融資」が組めなければ、スタートラインに立てません。幸いにも区分所有のワンルームマンションに関しては、融資環境が良く、ローンを組むハードルが低いのです。

詳細については、次章で詳しくご紹介しますが、東京の中古ワンルームマンション投資は一般的なサラリーマンにとって大変取り組みやすく非常に再現性が高い投資商品です。
私自身も、この都内の中古ワンルームマンションを中心に資産全体の配分を行って投資を進めています。さらに、私が所属する日本財託でもこの都内の中古ワンルームを中心にお客様に資産形成をコンサルティングしており、家賃収入が給与収入を上回っているという方はたくさんいらっしゃいます。なにもこのお客様が知識や経験を豊富に持つ特別な方というわけではありません。ではどうして初心者が不動産投資でFIREを実現できたのでしょうか。

もちろん投資商品自体に再現性があったことも要因の1つですが、収益不動産の増やし方、ローンの返し方にも実は重要なポイントがあるのです。次項のシミュレーションで、詳しく解説していきます。

9000万円の資産があればFIREは実現できる

では、ここからは、具体的に不動産投資でFIREを実現するためのロードマップ、ポイントについて考えていきたいと思います。

図4

不労収入額（生活費）
360万円
―――――――――― ＝ 目標資産額 **9,000万円**
4%
投資利回り

ＦＩＲＥの方程式で表すと、**図4**の通りになります。

前述の通り、全世帯の消費支出が、１世帯当たり平均29万５１１４円であることを念頭に置き、まずは20年間で毎月30万円の安定収入を作ることを前提にして話を進めます。

現在30歳の方であれば20年後は50歳、40歳の方であれば20年後は60歳になるわけですが、20年後には定年退職が70歳であるのが当たり前の社会になっている可能性もあります。その時には、50歳あるいは60歳の退職も十分アーリーリタイア（早期退職）と評価されるでしょう。

４％の運用利回りを前提とすると、必要となる資産額は９０００万円になります。この９０００万円という資産を不動産投資を通じて20年間で築き上げるロードマップを描きます。

都内の中古ワンルームであれば、４〜５戸の所有を目指すことになります。

ちなみに、20年間で９０００万円の資産を作るという前提に立つと、貯金だけで資産形成した場合には、ほとんど利息収入を生みませんので、毎年450万円も積み立てる必要があります（9000万円÷20年）。一般的なサラリーマンの年収分をそっくり貯金に回すわけですから、これは到底実現可能なプランとはいえません。

次に金融商品だけで9000万円の資産を作る場合を考えていきます。仮に安定して20年間にわたって4％の運用実績が継続的に見込めたとしても、計算上、毎年296万円、総額では5920万円の積み立てが必要となってきます。

約3000万円ですから、貯金に比べるとだいぶ負担は少なくなりましたが、それでもまだ実現性の低いプランといえるのではないでしょうか。

最後が不動産投資です。実は、この不動産投資であれば、これからご紹介する方法で投資を進めることで、最終的に年間約200万円、20年間で約4000万円の支出額で9000万円の資産を作ることができるのです。これは金融商品より2000万円近く投資支出を抑えられる計算です。

ローンの半分を入居者の力によって返済する

９０００万円分の収益不動産は、いきなり現金で一括購入することはできませんので、言うまでもなくローンを組むことになります。

ここではマンションを借入期間35年の全額ローンで購入したケースで考えますが、この９０００万円のローンを35年ではなく20年間で完済すれば、目標であるＦＩＲＥ達成ということになります。

ただ、この９０００万円のローンは、あなただけで返済していく必要はありません。それが第1章でもお伝えした不動産投資のポイントで、投資をした収益不動産から得られる家賃収入を毎月の投資用ローンの返済に充てることができるからです。

借借入当初は９０００万円だったローン残高ですが、35年ローンかつ金利１・７％を前提にすると、金利が変動しなければ、20年後にはローン残高は、**図5**のように４５００万円まで減ることになります。実に、ローンの半分が入居者という他人の力によって返済されたことになります。

図5

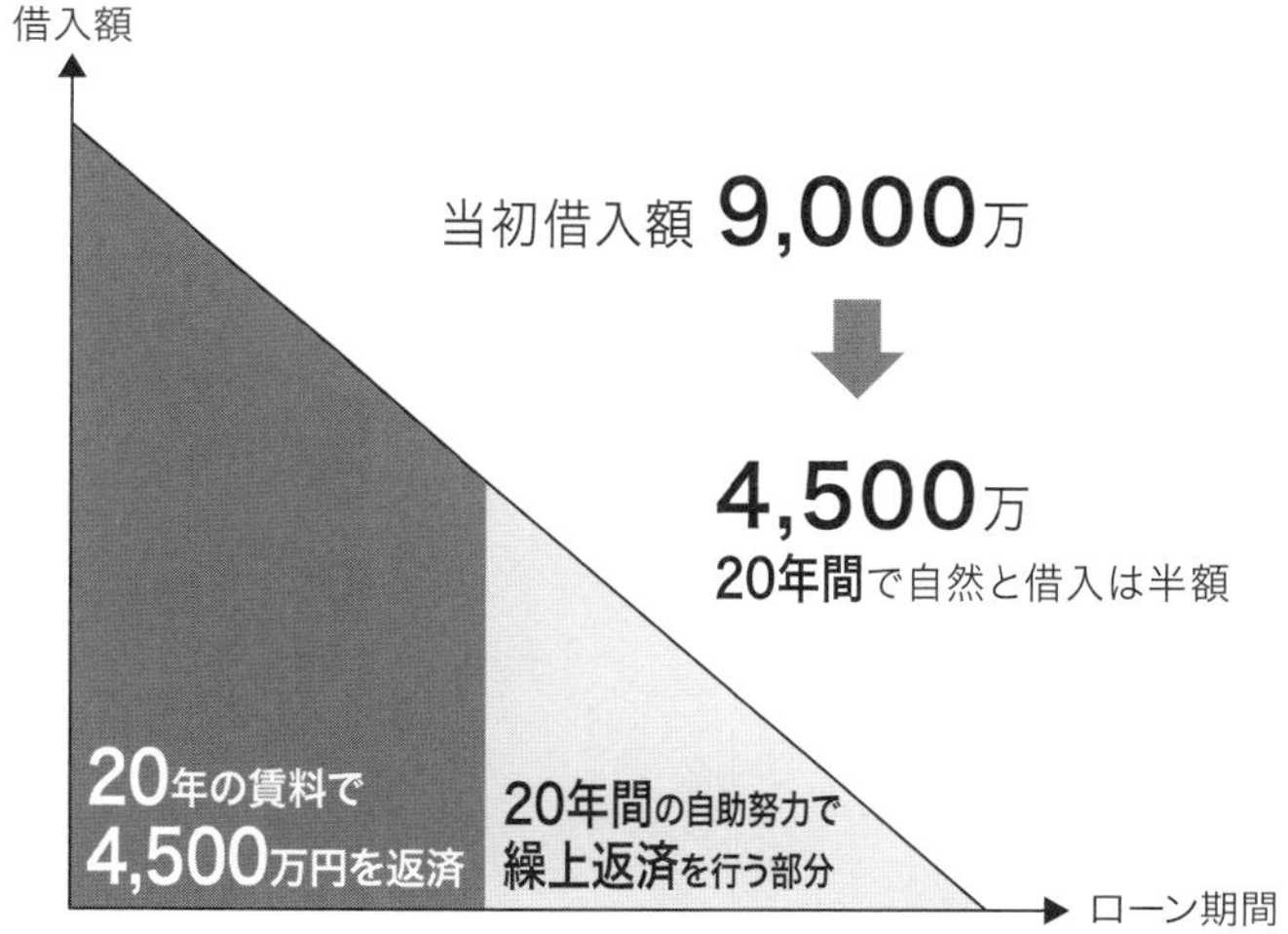

図6

20年間で**4,500**万円のローンを繰上げ返済する

▼

単純計算：4,500万円÷20年＝1年あたり**225**万円

利息を考慮せず

⇒ 毎月18万7,500円

つまり、この残り4500万円分の投資用ローンをあなた自身の繰上返済によって20年間で完済することが目標となります。

計算を簡単にするために利息分を考慮しなければ、20年間で完済を目指すには年間225万円、毎月18万7500円を繰上返済していけばいいということになります(**図6**)。

都内の中古ワンルームマンションであれば、少額の自己資金であっても、長期の借入期間を設定してローンを利用することで、家賃収入からローン返済額等のランニングコストを差し引いた毎月の収支はプラスで回ることも多いですが、今回のシミュレーションでは、購入時にキャッシュフローがプラスマイナスゼロであることを前提にします。

年間225万円のうち、夏と冬のボーナスでそれぞれ50万円繰上返済できれば、残りは125万円になります。これを12ヵ月で割れば、月々の繰上返済はちょうど10万円ほどになります。

繰上返済は「返済額軽減型」を選びなさい

さらに、繰上返済の種類を選ぶことによって、さらに毎月の負担額を小さくすることができます。

繰上返済には、期間短縮型と返済額軽減型の２種類があります。

●期間短縮型

繰上返済によって、借入期間を短縮する手法です。

一般的には、期間短縮型のほうが支払い利息の軽減効果が高く、完済までの時間も短くなります。ただ、デメリットとしてはローンを完済するまで、キャッシュフローが改善できないことです。

●返済額軽減型

借入期間はそのまま据え置きで、毎月のローン返済額を軽減する手法です。

返済額軽減型であれば、ローン返済額が減る分、毎月のキャッシュフローは増加します。

手元に資金を増やしながら資産形成できるので、突然の修繕費用や空室に備えながら投資を進めたい方にお勧めです。

先ほどのケースの投資用ローンを返済額軽減型で繰上返済していく場合、毎年225万円を繰上返済すると、図7のように初年度は年間で約8万7000円のローン返済額を軽減することができます。

次の年も同様に225万円を繰上返済すると、年間のローン返済負担額を約8万9000円軽減できる計算です。

家賃収入が変わらなければ、その分のキャッシュフローが増えていくため、返済のたびに手元に残るキャッシュが増えていくことになります。

ちなみに10年目に同じように225万円を繰上返済すると、約11万円もキャッシュフローが改善し、さらに15年目の改善額は約13万2000円になる計算です。

図7

20年で9,000万円を不動産で資産形成する場合

前提条件：借入 9,000 万円 / ローン期間 35 年 / 金利 1.7%(変動を想定せず)

年	単年度CF増加額	当年キャッシュフロー
1	0	0
2	87,168	87,168
3	89,136	176,304
4	91,212	267,516
5	93,432	360,948
6	95,796	456,744
7	98,328	555,072
8	101,052	656,124
9	103,968	760,092
10	107,136	867,228
11	110,532	977,760
12	114,240	1,092,000
13	118,260	1,210,260
14	122,664	1,332,924
15	127,476	1,460,400
16	132,780	1,593,180
17	138,660	1,731,840
18	145,188	1,877,028
19	152,496	2,029,524
20	160,704	2,190,228
合計		19,682,340

← 累計キャッシュフロー（20年分）

20 年後の残債額 1,393 万円から 20 年間の累計キャッシュフロー 1,968 万円を差し引いても 575 万円余る。したがって 4,500 万円の累計繰上返済額から 575 万円を差し引き、実質繰上返済負担は 3,925 万円(196 万円 / 月額 16.3 万円)。

こうして20年間にわたって毎年225万円の返済額軽減型の繰上返済を続けていった場合、手元に残るキャッシュフローの累積額は、図8のように約1968万円にもなります。

一方で、ローンの元本自体も20年間、毎年続けてきた繰上返済によって減少しており、20年時点での借り入れ残額は約1393万円にまで減少しています。

20年間のキャッシュフローの累積額が1968万円あるので、借入残額を完済しても、手元には約575万円の現金が残ることになります。

つまり、繰上返済に要した資金4500万円から完済後も手元に残った現金575万円を差し引いた3925万円が実質的な負担額となります。

この投資の投資支出額を年換算すると、196万円/年、毎月の負担額では16・3万円で9000万円の資産を築くことができる計算になります（図9）。

20年間で9000万円の資産を作ることを目標としましたが、半分以下(3925万円)の負担で資産を築くことができました。入居者から得られる家賃収入と繰上返済の力は絶大です。

図8

**225万円/年を「返済額軽減型」繰上返済したときの、
キャッシュフローの改善額の推移**

毎月の負担額の軽減＝ 手元キャッシュフローの改善

20年間で約1,968万円が手元に残る

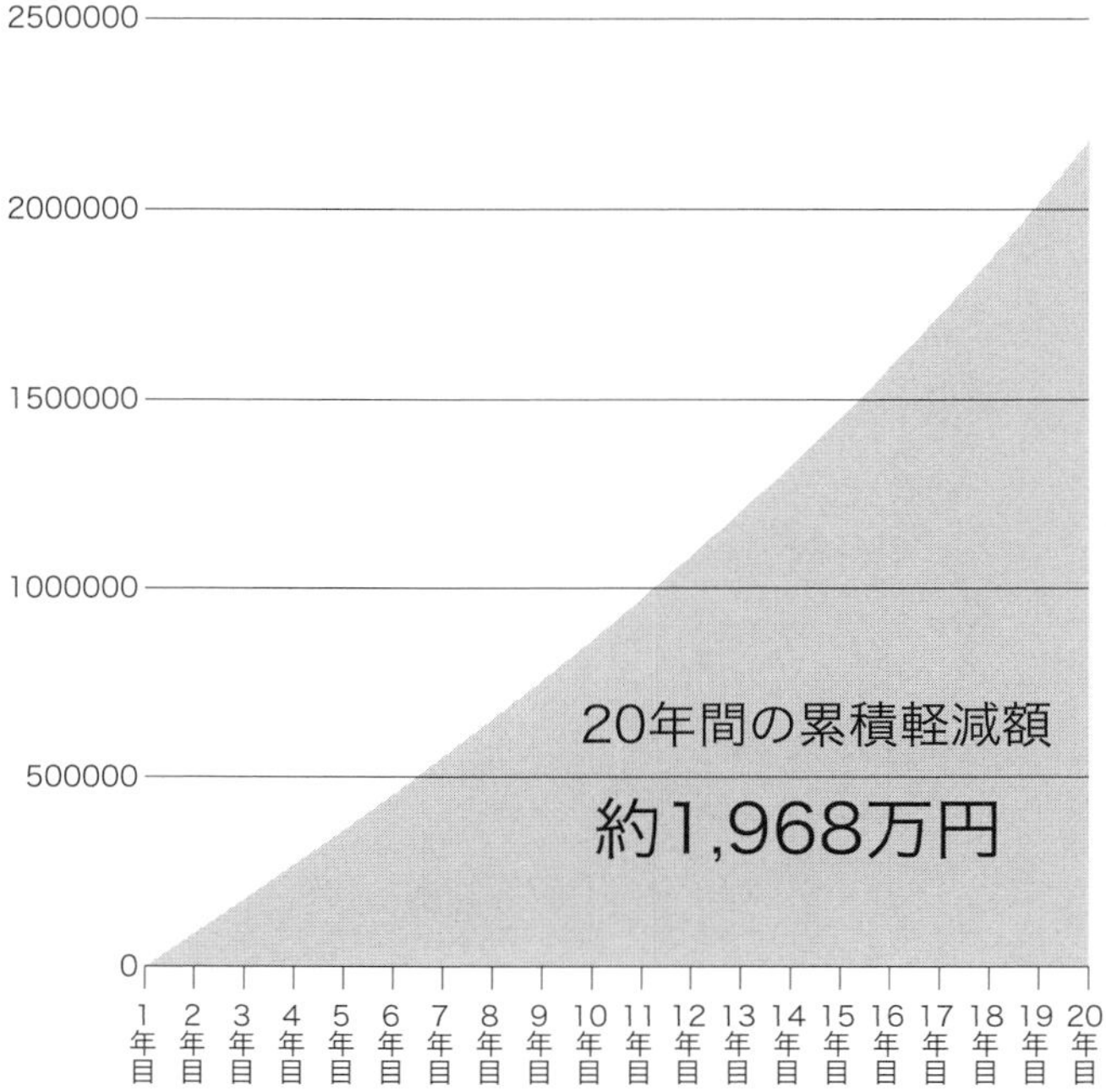

図 9

9,000万円の資産を20年で作るまでに必要な金額

「返済額軽減型」繰上返済で生まれたキャッシュフローを活用

・20 年間「返済額軽減型」繰上返済額

4,500 万円（225 万円 / 月 ×20 年）

・20 年経過時の残債

1,393 万円

・20 年間の累計キャッシュフロー

▲ 1,968 万円

・実質的な繰上返済負担額

3,925 万円

1 年あたりの実質負担額

196 万円 / 年（3,925 万円 /20 年）

16 万 3,000 円 / 月

このシミュレーションの前提として、毎年増えていくキャッシュフローはそのまま貯めておき、20年後にローン残債と累計キャッシュフローを相殺する形でお伝えしています。ただし、実務的には増えたキャッシュフローも翌年の繰り上げ返済に加算することができれば、このシミュレーションよりももっと早く完済を目指せます。

Ｓｉｄｅ ＦＩＲＥという選択肢

「はじめに」でお伝えした通り、私はＳｉｄｅ《サイド》 ＦＩＲＥをあなたにお勧めします。生活費の半分を資産運用によって得られる収益で賄い、もう半分は副業などによって賄う考え方です。労働・事業収入への経済的依存度が低く、大半の部分で経済的自立が図れていながらも、週2日から3日程度の適度な軽労働・事業によって社会との繋がりも維持できるスタイルです。

お金に支配されず、自分の人生を自由に描けるデザイン性の高いライフスタイルと言えます。何よりも目標となる資産額は半分でよいわけですから、資産形成におけるハードルもグッと低く、実現性も飛躍的に高まります。

Ｓｉｄｅ ＦＩＲＥは夢物語ではなく、現実的なプランです。

例えば、９０００万円の資産形成という目標を４５００万円に半減してシミュレーションしてみましょう。

４５００万円を金利１・７％、借入期間35年のローンで取り組んだ事例です。この４５００万円を20年で完済するシミュレーションを行います。

この４５００万円を20年で完済できれば、Ｓｉｄｅ ＦＩＲＥ達成となります。

繰上返済を行わない場合、金利の変動がなければ目標とする20年経過時点の残債額は約２２６０万円となります。この約２２６０万円を20年で繰上返済を行う場合、１年あたりの必要な繰上返済資金額は約１１３万円（２２５８万円／20年）です。

次に、毎年１１３万円ずつ「返済額軽減型」繰上返済を行った場合、20年後の残債額は約６８９万円で、この間に改善されたキャッシュフローの累計額は**図10**のように約９８７万円となります。20年間の累計キャッシュフロー額から20年目の残債額を差し引いても、約２８９万円が手元に残る計算です。

図10

113万円/年を「返済額軽減型」繰上返済したときの、
キャッシュフローの改善額の推移

毎月の返済負担額の軽減 ≒ 手元に残るキャッシュフローの改善

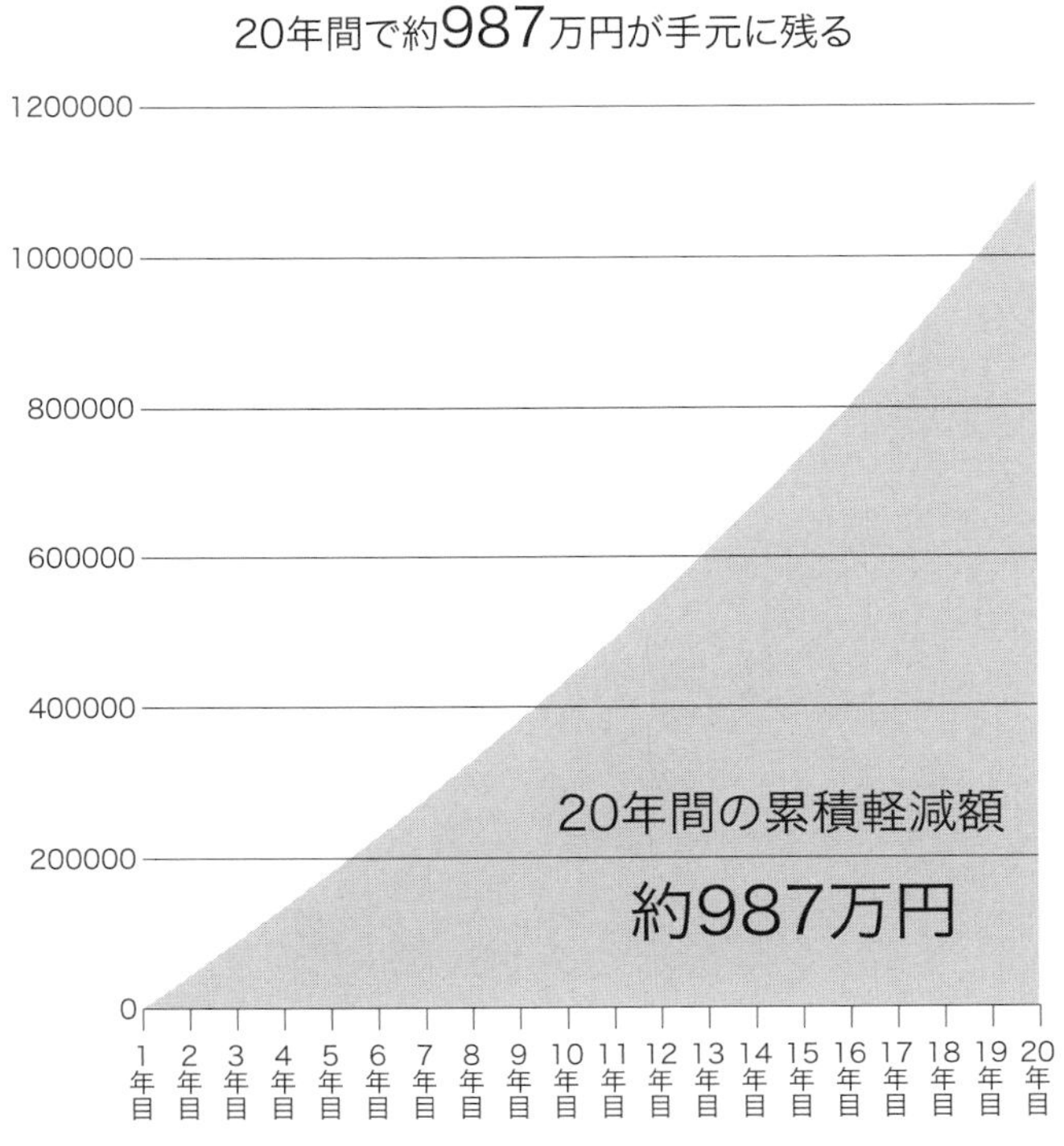

つまり、20年間の繰上返済に要した2260万円から20年間で残る完済後の累計キャッシュフローの289万円を差し引くと、実質的な繰上返済負担額は**図11**のように1962万円ということになります。

年間負担額に換算すると、98万円／年、毎月の負担額では8・1万円で4500万円の資産を築くことができる計算になります。

さらに、夏と冬のボーナスでそれぞれ35万円ずつ繰上返済すると、毎月の返済額は4万円になります。

4500万円の資産を4％で運用することができれば、年間180万円、月額15万円の収入源を作ることができます。総務省のデータでは、一世帯あたり平均26万円弱の消費支出であることを考えれば、支出の半分は資産収入で賄うことができる水準となります。

図11

4,500万円の資産を20年で作るまでに必要な金額
「返済額軽減型」繰上返済で生まれたキャッシュフローを活用

・20年間「返済額軽減型」繰上返済額
2,260万円（113万円/月×20年）

・繰上返済実施時の20年時点の残債
689万円

・20年間の累計キャッシュフロー
▲987万円

・実質的な繰上返済負担額
1,962万円

1年あたりの実質負担額
98万円/年（3,925万円/20年）
8万1,000円/月

いち早く資産形成を始めることのメリット

日々、不動産投資を中心に資産形成のご相談を承っていると、多くの方が〝後悔〟を口にされています。

「あと10年早く気づいていれば」「あと5年早く始めていれば」と、後悔されているのです。

というのも、少しでも早く始めることによって、同じ目標を掲げるにしても、達成のための難易度をグンッと下げることができるからです。

９０００万円という目標は変えずに、20年という投資期間を25年に変更すると、毎月の投資支出は16・3万円から8・8万円に圧縮することができます。

先ほどと同様に、９０００万円を35年ローンで融資を組むと、ゴール設定である25年後のローン残債額は**図12**のように３１２５万円になっている試算です。

この３１２５万円を25年かけて繰上返済すれば、ＦＩＲＥ達成となります。

利息を考慮せず単純計算すると、年間１２５万円となります。毎年１２５万円を繰上返済し続けると、25年後の残債額は１３９５万円となります。

図12

9,000万円の資産を25年で作るまでに必要な金額

「返済額軽減型」繰上返済で生まれたキャッシュフローを活用

・25年間「返済額軽減型」繰上返済額

3,125万円（125万円/月×25年）

・繰上返済実施時の25年時点の残債

1,395万円

・25年間の累積キャッシュフロー

▲1,856万円

・実質的な繰上返済負担額

2,664万円

1年あたりの実質負担額

106万円/年（2,664万円/25年）

8万8,000円/月

繰り返しになりますが、繰上返済するごとに手元に残るキャッシュフローは加速度的に増え続けます。

初年度は125万円を繰上返済して5万円弱のキャッシュフロー増加ですが、15年後は約7万円、20年後は12万円ほど増え、25年間の累計キャッシュフローは1856万円となります。25年目の残債額1395万円を差し引いても461万円も手元にキャッシュが残る計算です。

つまり、3125万円から、手残りのキャッシュ461万円を差し引いた2664万円が実質的負担となります。年間では106万円、月々8万8000円ほどです。

夏と冬のボーナスでそれぞれ30万円ずつ繰上返済にまわせば、毎月の繰上返済は月4万円となります。

同じ9000万円という資産を築くにしても、5年早く始めるだけで年間の投資支出を半減できるのです。

言い換えれば、投資を始める時期が遅くなるほど、目標達成への難易度は次第に高まってしまうことを意味します。

これは不動産投資に限った話ではありません。

投資の利益を構成する方程式「資本×利回り×時間＝利益」の中で、「時間」が最も重要であると私がお伝えしている明確な理由なのです。

「資本」という点では、それまでに蓄財してきたものがあれば、後からでもカバーすることができるでしょう。「利回り」も極端なことを言えば、高いリスクを負えば、高い利回りを期待することができます。

しかし、「時間」だけは、誰がどう足掻いても、後からどうすることもできません。時間は、刻一刻と目減りしていく取り返しの効かない投資資源なのです。

資産形成において「資本」「利回り」「時間」は、どれも欠かすことのできない要素ですが、最も尊い最重要な要素は紛れもなく「時間」なのです。

不動産投資は、大きなお金の動く話ですので、ゆっくりと納得がいくまで検討いただくのが大切だと思いますが、その検討期間中に、不動産投資を始めていれば得られたはずの賃料収入を取り損ねている〝機会損失〟を生んでいることを忘れてはいけません。

ただし、その一方、焦って収益物件を選んでしまうと、安く買ったはいいものの空室期間が長期化してしまったり、思わぬトラブルに巻き込まれかねません。

不動産投資であればなんでもいいかと言うと、決してそうではないのです。

やはり、FIREを実現するためには長期的に、安定的に、そして継続的に収入を得ていくことができる不動産を選ぶことが非常に重要になります。

そして、その不動産は何かと言うと、東京の中古ワンルームマンションです。

東京23区内、かつ価格の手ごろな中古の物件、また賃貸需要の非常に高い単身向けのワンルームマンションであれば、非常に再現性の高い投資が実現できます。

次の第4章では、誰が投資をしても一定のリターンが見込める再現性の高い投資先である東京の中古ワンルームマンション投資の特徴をお伝えします。

第4章
長期安定収入をもたらす東京・中古・ワンルーム

なぜ東京23区の中古ワンルームマンションを選ぶべきなのか

「人口減少が進んでいる日本で、不動産投資は成り立たないのではないか？」

このようなご意見をお客様からいただくことがあります。

たしかに、賃貸需要は人口と比例するので、このロジックは正しいように思えますが、これはかなり大雑把《おおざっぱ》な考え方です。

ひとくちに「日本」と言っても、東京に代表される大都市圏と地方・郊外では事情が異なります。さらに「不動産」と言っても、それがマンション、戸建てといった居住系なのか、あるいはテナントビルや駐車場といった商業系なのかによっても異なり、「日本で不動産投資」という大まかな分類で評価してしまうのは早計です。

ＦＩＲＥを実現するための投資対象として適格であるかは、投資エリアとそのエリアで求められている不動産の種類の組み合わせを冷静に分析する必要があります。

結論から申し上げると、普通のサラリーマンが不動産投資でFIREを実現するための最適な収益物件は、東京23区内の中古ワンルームマンションです。

不労収入で生活費を補う上では、その収入源は安定的かつ継続的であり、長期的に持続可能なものでなければなりません。

その安定的・継続的・長期的に持続可能な収入をもたらしてくれる不動産は、東京の中古ワンルームなのです。

では、なぜ東京なのか、なぜ中古なのか、なぜワンルームマンションを選ぶべきかについて、詳しく解説していきます。

なぜ東京23区を選ぶべきか

不動産投資は、所有する部屋を第三者に借りていただき、家賃を受け取って、はじめて成り立つ投資となります。言うまでもなく、賃貸需要の源泉となる人口が増えている場所、あるいは増加はしないまでも少なくとも長期にわたって安定している立地で行うことが鉄則です。

さらに、「人口が増える」といっても、年代によって求められる部屋も異なってきます。

例えば、10~20歳代であれば、大半は単身者ですから、ワンルームが住居として求められます。30歳代から世帯を持つ割合が増加していき、40歳代以降はファミリー層が多くを占めるようになるので、同じマンションでも60平方メートルを超えるファミリータイプの間取り、もしくは戸建ても選択肢に入ってきます。

また、どの世代が増えて、どの世代が減っているのかは、地域によっても異なります。投資を行うエリアで、どの世代が増え、どのようなお部屋が求められているのかを、しっかりと見極めることが重要です。

東京の人口動向を語る上で、まず特筆すべき点は、10代と20代の人口が継続して増え続けているということです。

このコロナ禍にあって、「東京の人口の流出が続いてる」と考える人はたくさんいらっしゃいます。事実、「東京の転入超過は6割減」「コロナ、一極集中に変化」など、新聞で大きく取り上げられることも少なくありません。ただ、実際には、東京はコロナ以降も変わらずに若者を全国から集め続けているという歴然たる事実があります。

毎年1月、総務省は都道府県別の転入・転出者数とその差である転入超過数を発表しています。これによれば、全国47都道府県のうち、人口がプラスとなったのは前年の調査と同じ8都府県（東京都、神奈川県、埼玉県、千葉県、大阪府、福岡県、沖縄県、滋賀県）となり、依然として特定の地域への人口流入が続いている状態です。

そして、2020年の東京都の転入超過数は3万1125人で、前年と比べ62％減となりました。数としては依然として、全国1位の多さではあるものの、2位の神奈川県が2万9574人で、その差は約1500人にまで縮まる結果となったのです。

しかし、15〜29歳の若年層に限ると、結果は大きく異なります。東京都の15歳〜29歳の若年層の転入超過数は7万3855人となっており、同じく神奈川県の若年層の転入超過数が2万3500人でしたので、実に3倍以上の若者を集めているのです。

コロナ禍であっても、ワンルームマンションの賃貸需要を考える上で重要な若者人口は、安定的に増え続けているということです（図1）。

この若年層の転入超過数をさらに細かく見ると、全体の6割以上が20〜24歳となっています。つまり、大学や短大、専門学校などを卒業し、「就職」で都内に引っ越した若者が数多くいることが分かります。

図1

転入超過の内訳がポイント：若者が集まり続ける東京

2020年**15歳〜29歳**都道府県別転入超過数

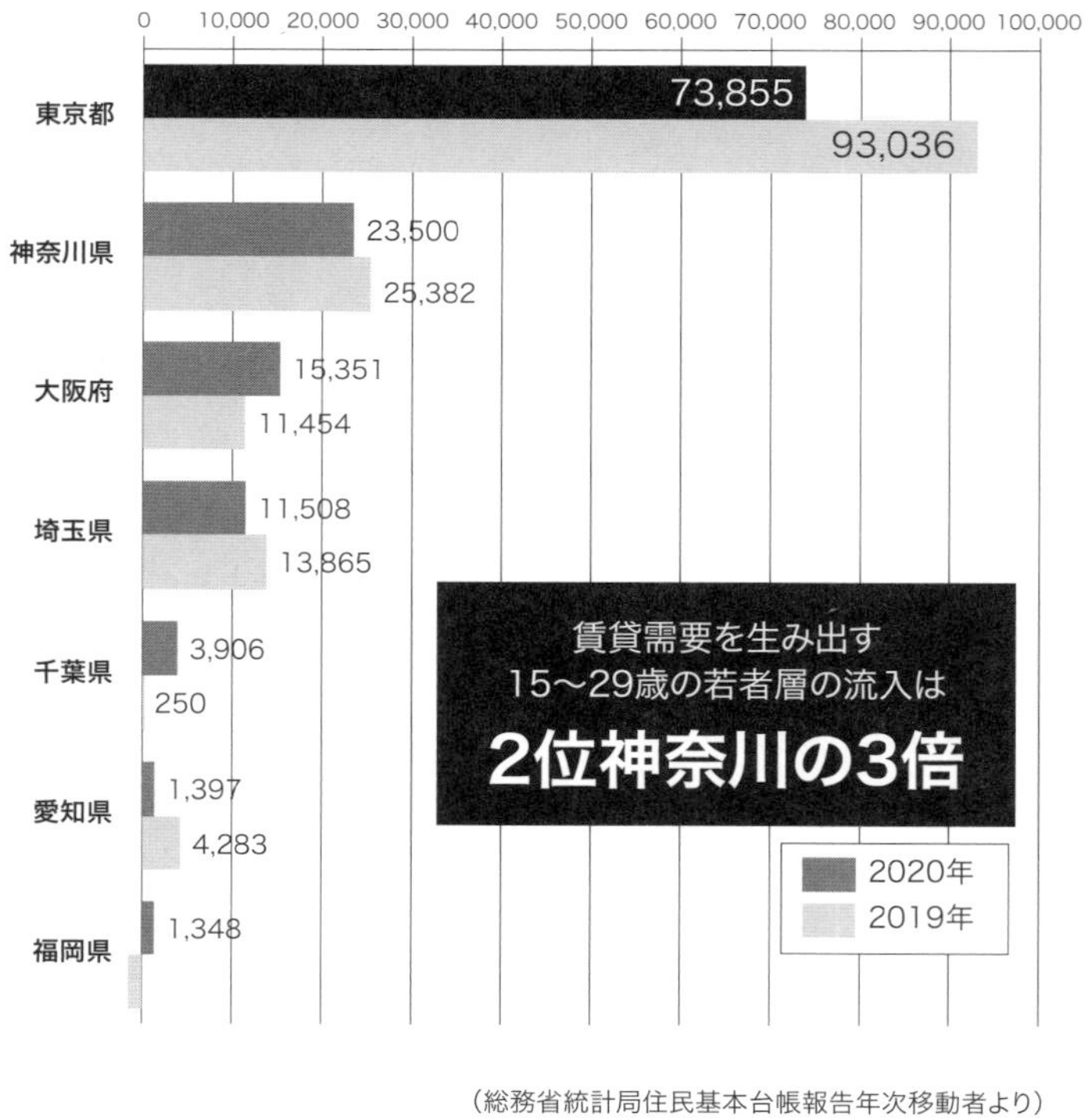

（総務省統計局住民基本台帳報告年次移動者より）

また、転入超過数に男女で大きく差が出ているのも東京都の特徴です。20～24歳では、男性の2万2921人に対し、女性は約1・2倍の2万7418人となっています。神奈川県は男性が6850人に対し、女性が7241人という5％程度の違いしかないことに比べると、顕著な差です。

ではなぜ、若者、とりわけ女性が東京都に集まるのでしょうか。

その理由は、仕事の内容と給与水準です。

東京都には数多くの企業が集まり、資本金が10億円以上の会社も全国の半数以上にあたる約3000社に上っています。加えて外資系企業数も75％以上となる約2500社が東京都に拠点を構えています。

このことから、東京都は地方と比べ、大企業を中心に、様々な職業に就ける機会が多いことが分かります。

日本はサービス業など第三次産業が7割以上を占めており、中でも東京都は第三次産業の比率が全国平均と比べ、10ポイント以上高くなっています。国の調査によると、女性の就業先で最も多いのが卸売業・小売業で、それ以外でも上位に第三次産業が並んでいます。

幅広く仕事が選べる点が、女性を中心とした若者が東京に魅力を感じる点の1つとなっています。

また同じ第三次産業でも、東京都と地方とでは1人あたりの生産性に大きな格差があり、その差は2倍ほどにもなります。生産性が高いということは、その分、社員に支払われる給与も高くなるということです。

都道府県別の1ヵ月あたりの平均賃金（賞与・割増賃金は除く）では、東京都が最も高く37.9万円で全国平均の約1.2倍、最も低い青森県とではその差は約1.5倍にまで広がります。さらに東京都は正規雇用の仕事が多く、全国平均と比べ5.6ポイントの差があります。

このように、職業選択の幅が広く、給与水準も高い、さらに雇用も安定していることが、若者、特に女性が東京で働くメリットなのです。

今回、コロナ禍の中でも若年層の転入超過数が約7万人であったとはいえ、前年と比べると約20%減少しています。しかし、この傾向が長く続くわけではありません。

リーマンショックや東日本大震災でもそれは証明されています。当時、これらの発生直後では、今回と同様に東京都への転入超過数が減少しました。

しかし、その傾向は長くは続かず、1～2年ほどで人は戻ってきています。都市問題に関する第一人者の市川宏雄明治大学名誉教授もこの点を指摘しており、今後も東京一極集中の流れが止まることは考えられないと分析しています。

東京は、このコロナ禍であっても若者が全国から集まってくる底堅い賃貸需要のある場所であることが、今回の調査結果でもよく分かりました。

こうした東京に上京してきた若者の住む場所が、単身向けの住宅、つまりワンルームマンションです。

単身向けの住宅が最も大きな需要を誇っており、安定した賃料を得続けるという観点において、ワンルームマンションが最適な投資対象となるのです。

●なぜ中古を選ぶべきか

中古を選ぶ理由は、いたってシンプルです。

それは、新築に比べて中古のほうが価格が安く、利回りが高いからです。

例えば、自動車は買った瞬間に中古車になります。本も買った瞬間に、古本扱いです。

新品（新築）は購入した瞬間に中古の扱いを受け、ガクンと価値が下がってしまうのは容易に想像できるでしょう。

不動産の場合、いったん登記を入れた瞬間に、物件は中古の扱いになります。ひとたび中古になれば、たとえその物件に一度も足を踏み入れたことがなかったとしても、不動産の価格は一般的に2割程度下がってしまいます。

新品（新築）を買ったつもりになっているのはその本人だけであり、傍《はた》から見たらそれは紛《まぎ》れもなく「中古」なのです。

自分自身が住むのであれば、新築であることにこだわっても良いかもしれません。しかし、投資物件は他人に貸し出すための不動産です。決してあなた自身が住むわけではありません。

しばしば、「入居者のこと（賃貸付け）を考えれば、新築のほうが有利なのではないか」とご意見をいただくことがあります。残念ながら、決してそうは言えません。

良くも悪くも単身者がワンルームに住むのは、仮住まいとしての意味合いが強いのです。数年間住むだけの部屋においては、築年数は妥協されやすく、人によっては考慮もされていません。

そもそも一度でも入居者が入れ替われば、次の入居者にとっては中古物件であり、新築であることによるプレミアムは一瞬で崩れてしまうのです。

加えて、築年数が新しいほど賃料の下落リスクが高く、修繕積立金の上昇リスクも高い傾向にあります。

不動産専門のデータバンクである「東京カンテイ」の調査によれば、東京23区内のワンルームマンションにおいては、築20年程度までは賃料がゆるやかに下落することが判っています。もちろん立地によって異なり、好立地であれば、これよりも下落期間は短いでしょう。

新築から中古になった途端に資産価値も家賃も下落するのであれば、なにも新築にこだわる必要がありません。もともと中古の物件を選んだほうが価格は手ごろですし、結果として利回りも高くなるのです。

●修繕積立金は必ず値上げされる

マンション特有のコストである修繕積立金においては、新築時は非常に低く設定されており、築年数の経過に伴い値上げされることが一般的です。多くの場合、新築時には、平方メートル数×50円程度で設定されていることが多いようです。

例えば、25平方メートルの部屋であれば、1250円です。当然、新築時は修繕する箇所もなく、修繕費は発生しませんが、不動産もあくまでモノですので経年劣化は避けられません。

よく見られるケースとしては、築10年～15年程度で迎えるはじめての大規模修繕工事の際に大きく改定（値上げ）されることが多くなっています。

大規模修繕工事とは、建物や設備の老朽化に伴う重大な不具合の発生を防ぐため、外壁の補修工事や屋上の防水工事、鉄部塗装工事、給排水管の取り替えなどを指し、その工事の総称を「大規模修繕工事」と呼びます。

経年劣化とともに修繕しなければならない項目が増え、その費用を補うために月々徴収される修繕積立金も値上げされるのです。

どれくらいまで値上げされるのかは、国土交通省のガイドラインが目安となります。

国土交通省が示したガイドラインに従えば、多くの場合で「平方メートル数×２３５円～４３０円」の間に収斂されていきます。したがって新築時と比べれば、少なくとも修繕積立金は４倍以上に膨れ上がり、場合によっては６倍程度になる可能性も否定できないのです。

新築物件の危ういところとして、収益となる賃料は下落幅が大きく、またコストである修繕積立金の値上げ幅も大きく、購入時の収支シミュレーションが意味をなさない、あるいは相当堅く見積もらなければならないと言えるでしょう。

中古物件においても、現在の修繕積立金の金額が平方メートル数に対してどれほどの設定となっているのか注視する必要があります。

仮に20平方メートルであれば、4700円～8600円程度が適正値と考えられます。

国土交通省のガイドラインと照らし合わせて金額の設定が著しく低い場合は、修繕積立金の上昇を織り込んでも収支上に問題がないかを検証すべきです。

ただ、まれに修繕積立金が低くても大きな懸念材料にならないケースもあります。それは、マンション管理組合に特別な収入源（外部収入）がある場合が挙げられます。

具体的に言うと、主に次に挙げた3つが要因で積立金を値上げしなくても済むケースがあります。

①屋上に設置されたアンテナ基地局の設置収入
②駐車場の外部貸し出し料（コインパーキング等）
③看板設置による広告収入

マンションの屋上に大手通信会社のアンテナ基地局を設置してもらうことにより、屋上の使用料が得られることがあります。

同様に幹線道路沿いの物件を中心に看板が設置されているケースもしばしばあり、広告主からその費用を収入として管理組合が受け取っていることがあります。時に年間で数百万円単位の収入をもたらしてくれる貴重な存在であり、それらの外部収入があることによって、本来、区分所有者同士で負担し合うべき修繕積立金などを安く抑えられるケースがあるのです。

これらはラッキーパターンであるものの、購入を予定しているマンションにそれらの収入があれば、国土交通省のガイドラインより少なくても、特段の心配は不要かもしれません。

なぜワンルームマンションなのか

最後になぜワンルームマンションを選ぶべきかお伝えします。

前述の通り、東京には若者が安定継続して増えており、それら若者の大半が単身者であるがゆえに、求められているのは単身向けのマンションすなわちワンルームマンションが有利であることはお伝えしました。

そのほかに、ワンルームマンションの賃貸需要を押し上げる要因として、ワンルームマンションの開発（建築）規制条例の存在が挙げられます。

現在、東京23区全域に新築のワンルームマンションを建てさせないための開発規制が設けられています。

例えば、渋谷区では総戸数15戸以上のマンションでは、マンションの最低専有面積を28㎡以上としていますし、また豊島区では最低専有面積の設定に加えて、30㎡未満の住戸が9戸以上ある共同住宅（アパート・マンション）を建築した場合、戸あたり50万円が不動産会社に課税されます。

規制の理由は様々挙げられていますが、最も濃厚と思われる理由としては、行政にとって税収に結び付きづらいことが挙げられます。

一般的に単身者よりファミリー世帯のほうが担税能力も高いと考えられますし、マンションではなく商業ビル等を供給し、法人を誘致したほうが法人事業税・法人住民税も期待できます。行政にとって、最も税収に結び付きづらい存在が単身向けのワンルームマンションなのです。

しかし、こういった背景は、東京のワンルームマンションに投資を行う者にとっては追い風となります。

需要は増え続けているにも関わらず、その受け皿となる供給が先細っているため、賃料の下落圧力は極めて限定的であり、東京23区内の賃貸需要はより強固なものとなることでしょう。

借りる側にとっては厳しいものの、貸す側にとってはこれ以上にない環境が整っているのです。

実際に、賃料の底堅さを表す事例があります。

それは、弊社・日本財託が23年前にお客様にご紹介したJR京浜東北線「蒲田」徒歩5分のワンルームマンションです。

当時は、まだ築年数が9年のマンションで、毎月の家賃は6万2000円でした。それが23年が経過して築32年となったこのマンションの今の家賃は、月額6万5000円も取れているのです。

このワンルームマンションが特別な事例なわけではありません。東京23区内の駅から10分以内の好立地の場所であれば、家賃は底堅く安定しているのです。

内装工事のコストを比べれば一目瞭然

もう1つ、ワンルームマンションを選ぶべき理由があります。

それは、内装リフォームコストが安く抑えられるという点です。

遅かれ早かれ、入居者の入れ替わりは一定の頻度で発生します。そのたびに部屋をクリーニング、あるいは適切な工事を行い、次の入居者に気持ちよくご入居いただく準備をしなければなりません。

具体的に言えば、クロス（壁紙）の貼り替えやフローリングのワックスがけ、必要があればエアコンや給湯器などの各設備の修理交換が挙げられます。

それらコストの多くは、おおむねお部屋の広さに比例します。当然20平方メートルのお部屋を綺麗にするのと、50平方メートルの部屋を綺麗にするのでは、費用が異なることは容易に想像できるでしょう。

例えば、給湯器を例に挙げると、ワンルームマンションに設置されているものの多くは、16号と呼ばれる小型の給湯器です（16号とは1分間に水温＋25℃のお湯を16リットル供給できることを意味します）。

これがファミリーマンションであれば、キッチンや洗面台、お風呂と同時に給湯しなければならないことも想定されるため、24号といった大型な給湯器が必要になり、当然、その修理交換費用も割高になってしまいます。

また賃貸物件は、基本的にエアコンが備え付けでオーナーがその費用を負担します。2LDKや3LDKと部屋数が増えれば、その分だけエアコンの設置台数も増え、万が一、故障が必要になった時には所有者の負担で修理・交換が必要になります。

ワンルームマンションであれば、そもそもエアコンは1台、給湯器も小型で十分です。

これらは、あくまで一例に過ぎません。

投資という観点に立てば、収益は向上させ、コストは抑えることが重要となります。

保有中のコスト高が懸念される広めの部屋は、そもそも投資として適さない可能性があるのです。

コストを抑えやすいコンパクトなワンルームマンションが投資として適切であると考えます。

分譲された時代によって異なるワンルームマンションの特徴

ここまで東京の中古ワンルームマンションをお勧めする理由をお伝えしました。

ただ、ひとくちに東京・中古・ワンルームマンションと言っても様々な特徴があり、また分譲された時代によって区別できますので、ご紹介いたします。

3点式ユニットバス物件

おおむね2000年よりも前に分譲されたワンルームマンションにおいては、ビジネスホテルのように風呂とトイレと洗面台が一緒になった3点式ユニットバスタイプであることがほとんどです。広さは15平方メートル～20平方メートルとややコンパクトに作られていることが大半です。

1000万円台前半で購入でき、比較的高い利回りが期待できます。

一方で、空室がやや長期化したり、金融機関によっては融資の際に金利が上乗せされてしまったり、融資自体が利用できないケースも散見されます。

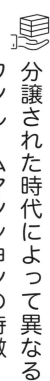

キッチンはスペースの都合で多くは一口コンロとなっているため、料理をする方にとってはやや不便さを感じるかもしれません。

図１　３点式ユニットバス物件の間取り例

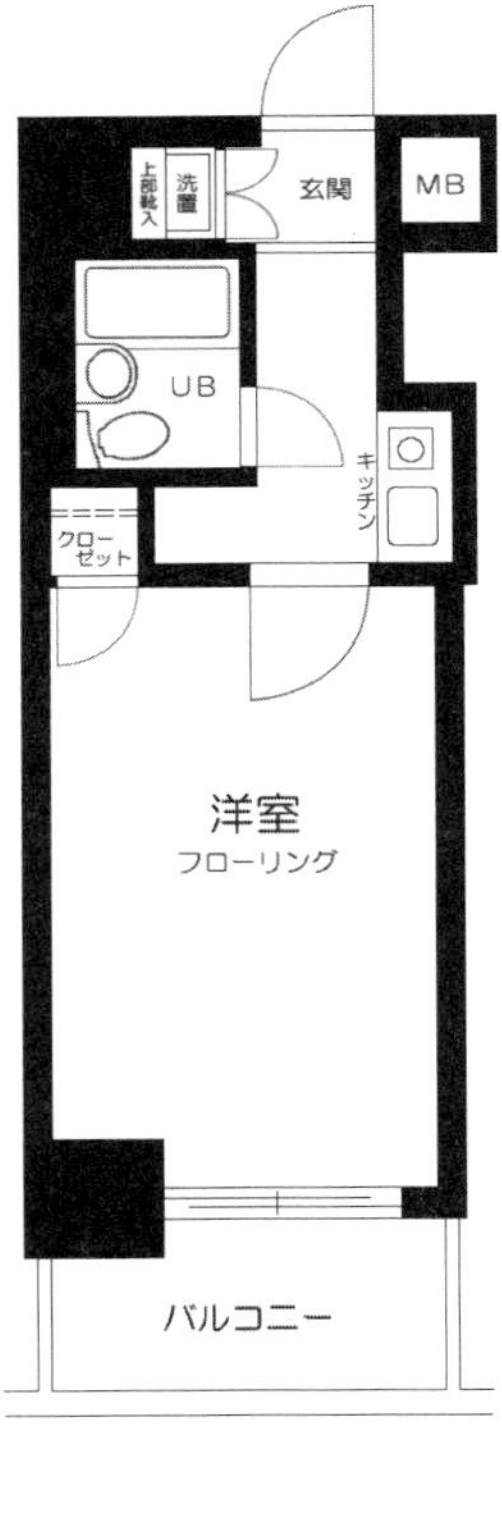

●バス・トイレ別物件

おおむね２０００年以降に分譲されたワンルームマンションにおいては、お風呂とトイレが別々に独立した仕様となっており、現在、最もメジャーなタイプの部屋となっています。

20平方メートルから25平方メートル程度の広さであり、単身層の多くの方に支持していただける仕様となっています。

3点式ユニットバス物件と比較すると、やや利回りは低下してしまいますが、室内には十分な収納スペースが確保されており、共用部の設備としても宅配BOXがあるなど、単身者の住環境として不足はありません。

価格は、1000万円台後半から2000万円台半ばとなっています。

図2 バス・トイレ別物件の間取り例

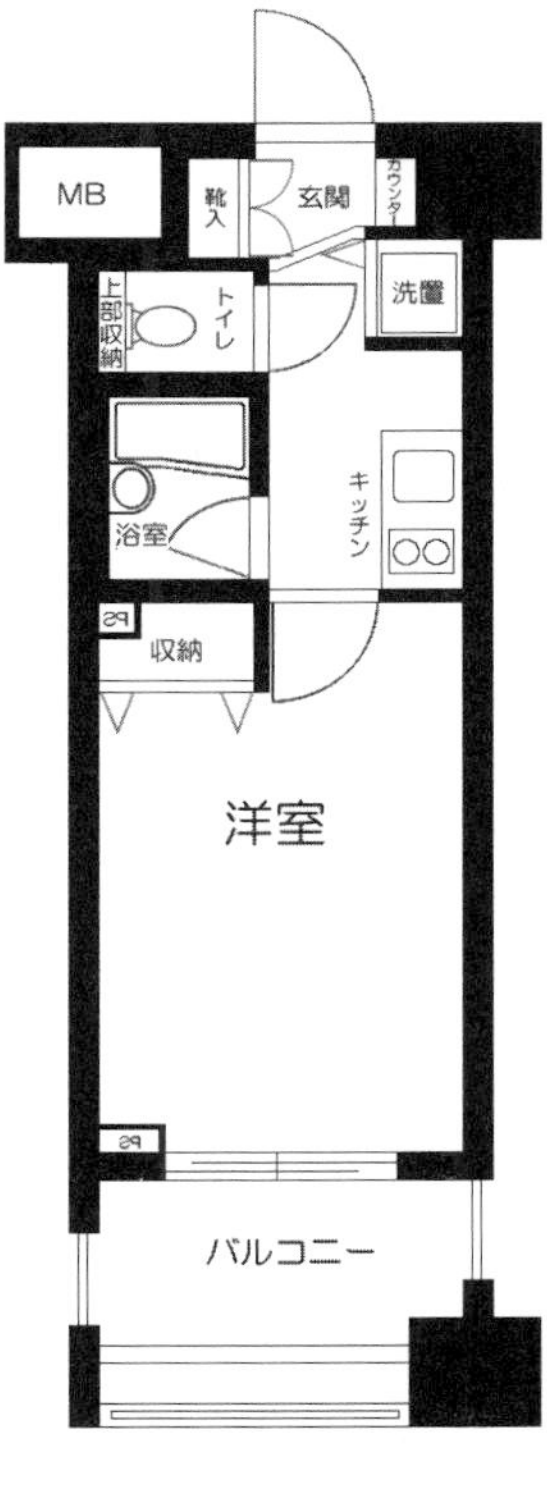

●独立洗面台付き物件

おおむね２０１０年以降に分譲されたワンルームマンションの一部において、独立洗面台が設置されているケースが見受けられます。

２０１０年以降においては、部屋の広さも25平方メートルから30平方メートルと十分な広さが確保されている傾向もあり、女性に根強い人気の独立洗面台が設置されている例が多くなります。

多くは２０００万円台半ばから、好立地であれば３０００万円前後となります。

図３　独立洗面台付き物件の間取り例

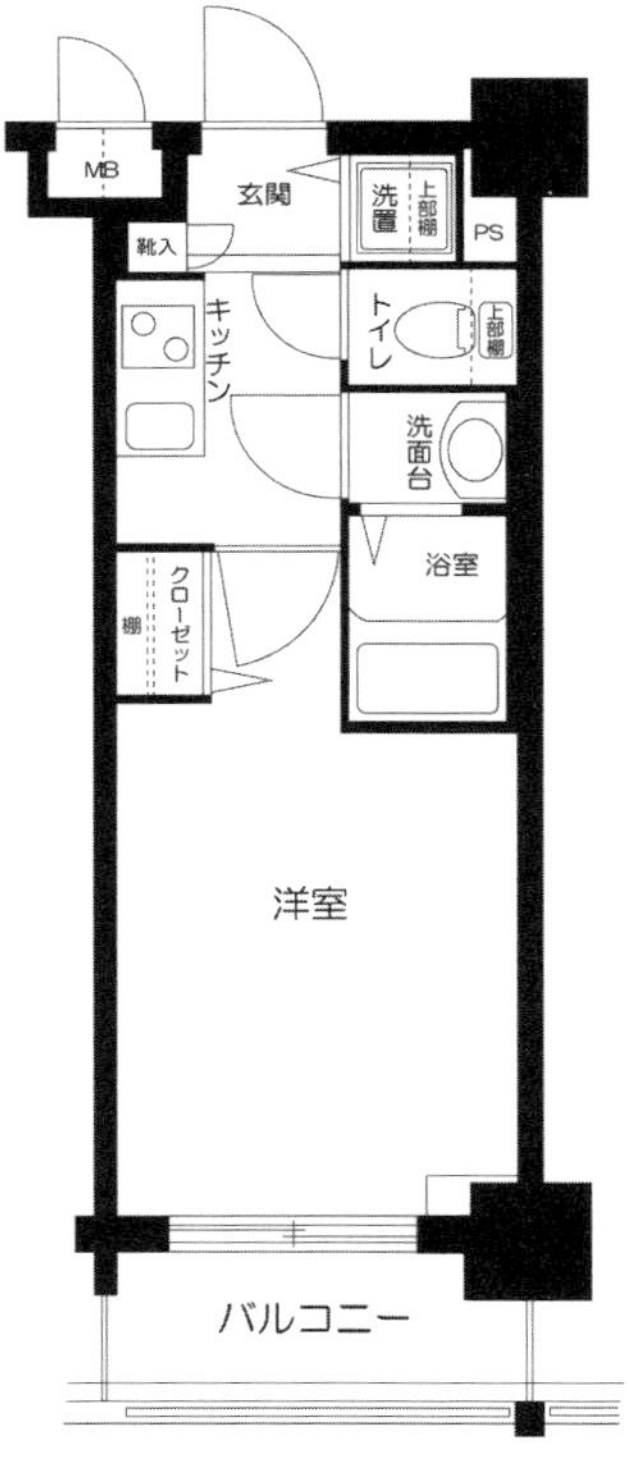

以上の3つが東京のワンルームマンションにおける大まかな分類となります。

こうお伝えすると、やはり新しいほうが入居者付けもしやすそうだし、投資としても安定した収益が期待できるのではないかと尋ねられることがあります。

ただ、古い物件だから投資対象としてふさわしくないと決めつけるのは早計です。

むしろ、築年数が経過している物件だからこそのメリットもあるのです。

理由の1つは、コストの低さです。部屋が狭い分、内装リフォーム費用は安く抑えられる傾向にあります。クロス（壁紙）の貼り替えや、あるいは固定資産税などはお部屋の広さにも比例します。

また、室内の設備も非常に簡素であり、そもそも壊れてしまい、修理交換コストになりえる設備の数が限られているのです。

さらに東京23区内においては、一等地であっても築15年程度まで、その他のエリアでは築20年程度まで賃料は下落傾向が続きます。つまり、逆に言えば築20年も経っていれば、その後の賃料下落は極めて小さく、収益性が安定しているとも言えるのです。

弊社・日本財託の管理物件において、バスとトイレが独立している部屋と、3点式ユニットバスタイプの空室日数を比較すると、やはり3点式ユニットバスタイプのほうがおおむね1週間から10日ほど空室が長期化している事実はありますが、1ヵ月も違うことはありません。

もちろん、空室は1日でも短いほうが好ましいですし、空室時にはローンの返済は止まらないものの、賃料は入ってきませんので精神衛生上も穏やかではありません。

ここは空室に対するリスク許容度次第ですが、投資の結果を大きく左右するほどの要素ではないと捉えています。

駅近ならなんでも良いわけではない

投資物件をお探しのお客様とお話していると、多くの方が口をそろえておっしゃるのは、駅からの距離についてです。

「駅から徒歩5分圏内が良い」とか、「遠くても徒歩7分程度まで」などといった希望を耳にします。

確かに駅から近いと､便は良いかもしれません。しかし､住環境が良好かは別問題です。私のお客様で、最寄り駅徒歩3分の物件をご所有のお客様がいらっしゃいます。駅近で一見好条件に見えますが、賃貸付けに苦戦してしまったのです。

ご購入された直後に退去となりましたが、その理由はズバリ、騒音でした。電車の通る音がうるさく、解約となってしまったのです。

幸いにもすぐに次の入居者が決まりましたが、人によって騒音に対する許容度は異なります。

電車に限らず駅から近い分、商業地が広がっており、エリアによっては飲食店や繁華街も近いかもしれません。

そういった環境を好む方もいらっしゃると思いますが、そうではない方も少なくはありません。駅から少し離れても静かで閑静な住宅街に住みたいと願う方も多くいらっしゃるのです。

駅近物件だからと言って、幅広い人に支持されるわけではないことをお伝えします。

一棟物件ではなく区分所有物件を買おう

同じ東京の中古ワンルームマンションでも、部屋ごとに所有する区分所有という方法と、建物一棟丸ごと所有する方法に分けられます。

この点も多くの投資家を迷わせるポイントとなりますが、結論から申し上げますと、区分所有をお勧めいたします。

まず理由の1つが、立地の分散効果です。

一個所に大きな不動産を所有するのではなく、23区内であっても立地を分散することにより、火災や水害等の災害リスクを低減させることができます。

加えて、ビジネス街、学生街、観光地といった具合に、エリアによっても賃貸需要が様々あり、その年やその時期によってニーズの増減もありますので、幅広いタイプを複数持つことがリスク低減に繋がるとも考えられます。

もし、観光地で一棟所有していれば、コロナなどで観光業が元気のない時には、所有する投資物件にもダイレクトに影響が出てしまうかもしれません。

次に、共用部の修繕コストにおける負担軽減効果です。

一棟所有では、外壁補修や消防設備点検、エレベーター保守など、共用部の維持修繕コストは当然すべて自己負担です。

一方、区分所有マンションの場合、それぞれのお部屋の所有者で構成する管理組合があり、修繕積立金制度によってそれらコストを分担して負担し合います。

仮に共用部の修繕工事が必要になっても、それまで皆で積み立ててきた修繕積立金（準備金）で賄うことができ、突発的な大きな支出に苦労することもありません。

また、中古の場合においては、前所有者が積み立ててきた修繕積立金を引き継ぐことができる点も、一棟所有にはない大きなメリットと言えるでしょう。

過去に所有していた人が積み立てたお金を、今後の建物の維持・修繕に引き続き利用できるのは、かなり大きな魅力だと感じます。

また、一棟物件への投資に関心を持つ理由としては、利回りの高さが挙げられます。

確かに、同じ立地で同等の築年数だったなら、区分所有に比べれば一棟所有のほうが利回りは高い傾向にあります。

しかし、これはある意味必然的なのです。なぜならば、一棟所有には「修繕積立金制度」がないからです。

将来的に発生するであろう修繕費を見越して、早めにコツコツと積み上げておくのが修繕積立金制度です。

これら毎月発生するコストが一棟所有では存在しないため、一棟所有のほうが一見して利回りが高いように見えます。しかし、一棟だからといって、修繕費がかからないわけではありません。

一棟所有の場合は、事前に修繕費を積み立てて準備するのではなく、修繕工事に迫られたタイミングでの都度払いしているに過ぎません。利回りが少々高いからという理由で、一棟を購入するのは不安が残るところです。

大阪や名古屋、福岡のワンルームマンションを買ってはいけない理由

ここまでお伝えすると、しばしば東京以外のエリアでワンルームマンション投資をする

ことの是非について聞かれます。同じ大都市圏の大阪や愛知、福岡でのワンルームマンション投資です。

●最も効率的な運用が実現できるのは、賃料が高水準である東京

結論からお伝えると、やはり東京以外でのワンルームマンション投資はお勧めいたしません。

理由は、明確です。東京以外の地方都市では賃料が安く、運営比率（経費率）が割高になってしまうためです。

「LIFULL HOME'S（2021年11月現在）」によれば、東京の単身向けマンション（1R、1K、1DK）における平均賃料は8万9900円となっています。

それに対して、地方5大都市では、札幌市10区で3万9000円、仙台市5区で5万4700円、名古屋市16区で5万3200円、大阪24区で5万6300円、福岡市7区で4万6400円となっています。

賃料水準が第2位の大阪と比べても、約1・6倍も東京のほうが賃料は高くなっています。東京が圧倒的な賃料水準を誇っているのはお分かりになると思います。

賃料水準は、地域によって大きな差がありますが、不動産投資に伴うコストには地域差はほとんどありません。

例えば、エアコンや給湯器の交換費用を見ると、東京でも福岡でもどこで交換工事をしても金額に差は生まれません。クロス（壁紙）を貼り替えても東京とその他のエリアで比較しても変わりはないのです。

したがって、東京とその他のエリアを比較すると、不動産投資においては投資を継続する上で必要となる収益に占める運営比率（経費の割合）が相対的に高まってしまうのです。たとえ、東京と比べて地方のほうがやや利回りが高かったとしても、コストを差し引くと全く手元に利益が残らないことも想像されます。

経費の割合を抑えられ、最も効率的な運用が実現できるのは、土地の利用価値が高く、賃料が高水準である東京だけなのです。

さらに、東京とその他の大都市圏では、賃貸需要のあるエリアの大きさが明確に異なります。

例えば、大阪の繁華街であるキタとミナミ、そしてそれらを繋ぐ御堂筋線や大阪環状線沿いは人気のエリアです。

しかし、大阪と東京を路線という観点から比較した時、賃貸需要が旺盛なエリアの「大きさ」で両者に差があることが分かります。

例えば、大阪の環状線と東京の山手線一周の「路線距離」を比べてみると、大阪環状線は約22キロメートルですが、山手線はそのおよそ1・5倍の約34キロメートルもあります。距離が長ければ、路線内の「面積」も広くなります。山手線の内側の面積は約63平方キロメートルです。一方、大阪環状線内は、およそ30平方キロメートル。山手線のおよそ半分の面積しかないのです。

また、「ターミナル駅」という観点からも、大阪と東京では大きな差があります。大阪の梅田や難波には大きな駅が集まっていますが、そのほかにターミナル駅と言えるような駅は見当たりません。

東京では、世界一の乗降客数を誇る新宿駅を筆頭に、渋谷、池袋、東京、品川など多くのビッグターミナルがあります。特に、品川駅周辺では山手線30番目の駅となる高輪ゲートウェイ駅が2020年に開業し、再開発が盛んです。

そのほかにも、渋谷や東京駅周辺、虎ノ門、新宿など、東京中のいたるところで大規模な再開発が進行しています。

このように東京では、ビジネスやレジャーの拠点となるエリアが数多くあり、そこを起点に底堅い賃貸需要が生まれています。

過去10年間で東京の市場規模は2倍に膨らんだ

ほかの大都市圏ではなく、東京をお勧めするもう1つの理由は、市場規模です。

国土交通省の既存住宅販売指数によると、床面積30平方メートル以下の中古マンションの流通数では、東京がダントツの1位になっています。

２０１０年に１万０７６２戸だった取引件数は、２０１９年には２万１４５０と2倍に増えています。この取引件数は大阪の5倍となっており、愛知（名古屋）は東京の取引件数の３％程度しかありません。東京の取引数の活発さは、一目瞭然です。

不動産のデメリットとして、「流動性の低さ」が指摘されます。売りたい時になかなか売れないことが懸念材料として認識されています。

確かに、上場された株式であれば、平日の昼間にいつでも売買できます。ＥＴＦやＲＥＩＴ《リート》などと比べれば、明らかに現物の不動産は、流動性の低い資産クラスと言えます。そこに異論はないでしょう。

しかし、前述の通り、東京の単身向けワンルームマンションは非常に活発な売買がなされおり、不動産特有の流動性リスク、売りたい時に売れないリスクは、同じ現物不動産の中では最も低いと言っても過言ではありません。

これが東京以外の地方都市では、ワンルームマンションを購入したのは良いとしても、売りたい時に売れず、現金化に苦戦してしまうかもしれません。

売却の理由が単に利益確定ならまだしも、長いライフステージの中では、多額の資金の必要に迫られることもあることでしょう。そんな時になかなか売れなければ、相場より安い価格で売り出さなければならないかもしれません。

万が一の時を考えて、いつでも売りたい時に売れることは、投資商品として必須条件です。

再開発も目白押しの東京

2020年、東京駅前で行われる再開発プロジェクトの名称が発表されました。7年後に竣工する高さ日本一の商業ビルを核としたエリアの名称は、TOKYO TORCH（東京トーチ）。

このほかにも東京には、5年以上先までの再開発計画が目白押しです。再開発は、エリアの魅力を高め、就労人口を増やし、そして新たな賃貸需要を生み出します。

TOKYO TORCHは、六本木ヒルズに匹敵する延床面積74万平方メートルもの巨大な開発で、東京駅の日本橋口の目の前で、すでに始まっています。

同敷地内に2022年に竣工予定の常盤橋タワーですら、丸ビルに匹敵する大規模オフィスビルです。この隣に高さ390メートル、地上63階のTorch Towerが建ちます。

今、都内で一番高い虎ノ門ヒルズ森タワーの高さは255・5メートルですが、その1・5倍も高さを誇る超・高層ビルの誕生です。もちろん高さは、日本一になります。

高層階に約100室の高級ホテル、中層階にオフィス、また低層階に約2000席の大規模ホール、約4500坪の商業ゾーンなどが整備されるタワーは2027年度に竣工予定です。

2つのタワー間には、約7000平方メートルの広場が整備され、イベントでの活用はもちろん、災害時の支援拠点としての機能も併せ持ちます。

また、六本木や品川、丸の内の再開発の影に隠れがちだった新宿の再開発についても、いよいよ動き出しました。

２０２９年度までに、新宿駅西口に隣接する小田急百貨店のビルなどを、高さ２６０メートル、地上48階の大規模複合ビルに建て替える計画です。

東口の駅ビルも建て替えを検討中で、同じく高さ２６０メートルのビルが予定されています。今は比較的低層のデパートとなっている新宿の駅ビルですが、虎ノ門ヒルズを超えるツインタワーが駅を挟んで建ち並ぶようになります。

新宿駅西口の明治安田生命新宿ビルがある街区でも、６棟の既存ビルの取り壊しが進められています。中層オフィスビルが建ち並ぶエリアでしたが、２０２５年には、高さ１３０メートル、地上23階の大規模オフィスビルに生まれ変わります。

これらのビルも含め、駅周辺は、新宿グランドターミナル構想によって、今後２０４０年代を目指して連続的に再開発が始まります。

１９６０年代から発展してきた新宿駅周辺には、築50年を超えて老朽化したり、活用が不十分なビルが多く存在します。それらを建て替えながら、利便性を高め、ビジネスや文化の交流拠点を作るビジョンが描かれています。

さらに日本橋エリアでも、首都高を地下化する工事と併せて、複数の再開発が行われます。２０２５年には、日本橋のたもとに高さ約２８７メートル、延べ36万平方メートルの超高層ビルが登場します。

昭和通りを挟んだ対面のエリアでは、弊社・日本財託の管理物件２戸も対象に含まれる再開発計画が検討されています。

具体的な時期は未定ですが、２００２年築のこのマンションは、築30年を迎えることなく、取り壊しとなる見込みです。２戸のオーナー様は、地権者として再開発に参加する意向です。これまでの事例から考えると、地権者特権として市場価格から圧倒的に割引された価格で地権者住戸を手に入れられる可能性があるからです。

立地によっては、こうしたチャンスが巡ってくる可能性を秘めていることも都心マンションの魅力です。

これらのエリアだけでなく、渋谷や虎ノ門、池袋、品川・高輪ゲートウェイなど、都心にはオリンピック以降も大規模再開発が続きます。

しかも再開発はオフィス需要だけではなく、レジャーや買い物など、アフターファイブや休日の新しい人気スポットとして街に活気を与えて、世界中から人を集め続ける原動力となります。

再開発が続き、新しく魅力が生まれ続けることで、東京の不動産自体の価値も引き上げてくれるのです。

地元バイアスに囚われず冷静な投資判断が肝要

不動産投資のご相談を承っていると、「自宅（地元）近くに良い物件はないか」とご要望をいただくことがあります。

土地勘がある方が安心して不動産投資にお取り組みいただけるお気持ちはよく分かります。ただ、よく知っている地域だからと言って、それが投資として適格なエリアであるかは別問題です。

また、仮に高い賃貸需要が期待できる立地だったとしても、そのほかにも魅力的な地域は存在しており、最初から視野を狭くしては、投資のチャンスを逃してしまう可能性もあります。

さらに「よく知っている」といっても、その街のどこに人気の飲食店やスーパーなどの買い物施設があるといったいわゆる「暮らしやすさ」といった視点が大半です。

もちろん、暮らしやすさは賃貸需要の要素の1つですが、それがすべてではありません。暮しやすさの基準があなたではなく、ワンルームに住む若者の単身者にとってどうなのか、また通勤利便性や賃料水準、当該エリアの賃貸物件の供給状況など、ほかのエリアと比較した時の優位性もしっかりと認識した上で、本来は投資物件を選ぶべきです。

似たような例で言えば、「東京23区内でも山手線の内側の物件が欲しい」というようにエリアを限定してご依頼をいただくこともあります。

では、もし銀座エリアで好条件の物件が出てきたら、この物件は検討対象外になるのでしょうか。日本一の商業地である銀座は、山手線の外側に位置しています。

おそらく「山手線の内側」という趣旨は賃貸需要が安定していて、資産価値が落ちづらい場所を象徴してお伝えていただいているものだと思います。目的ははっきりしているのであれば、なにも山手線の内側にこだわることはありません。

本章の冒頭でもご紹介した蒲田駅から徒歩5分のマンションは、家賃はもちろん、資産価値も20年以上にわたって変わりはありません。購入当時の価格は１３５０万円、現在の評価額は１４００万円です。

エリアを決め打ちしてしまうと、選択肢の幅を狭めるだけでなく、優良物件を見落としてしまうリスクも抱えているのです。

投資物件の購入を検討する際には、土地勘の有無や、特定のエリアなどで絞ることはせず、先入観を持たずに個別的に検討することがポイントです。

第5章

FIREを実現するための投資用ローンの攻略法

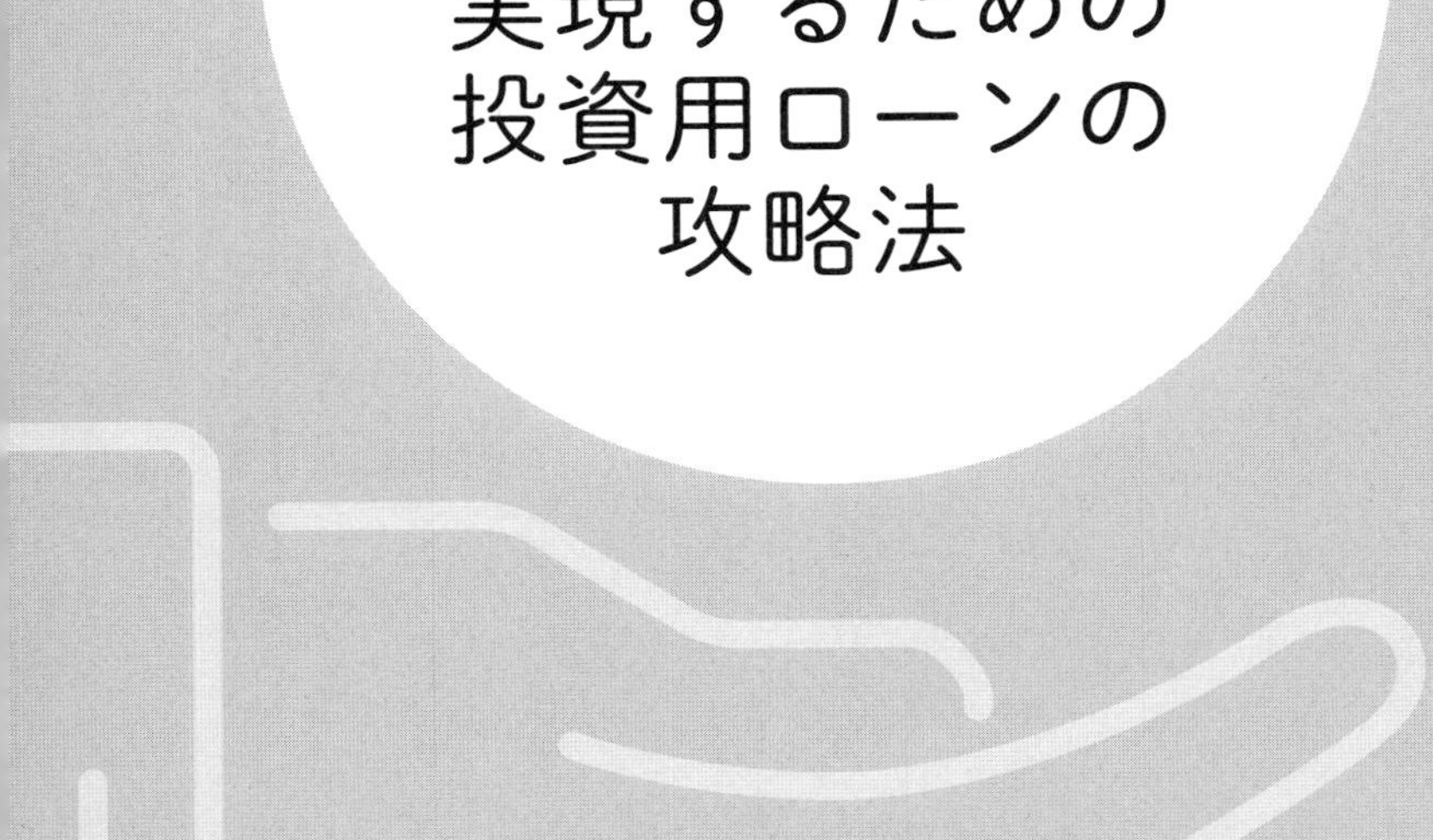

住宅ローンより審査の厳しい「投資用ローン」の基本的な条件

不動産投資でＦＩＲＥを実現するにあたって、ローンの活用は必要不可欠です。ローンは、あなたの資産形成を加速させてくれる大切なツールであり、ほかの投資にはない不動産投資特有の醍醐味でもあります。

しかし、投資用ローンは、マイホームを購入する際の住宅ローンと比べて審査が厳しく、しばしば不動産投資を始めようとする投資家のハードルとなっています。

そこで本章では、不動産投資を実践する上で切っても切り離せない融資について、その仕組みと効果的な活用法について解説します。

他力本願投資の神髄「他人が自分のために借金を返してくれる」投資用ローン

あなたはローン、あるいは借金と聞いて、あなたはどのような印象を受けるでしょうか。多くの方は、おそらくネガティブなイメージを持たれるのではないでしょうか。

元来、お金の貸し借りはトラブルの元になると教わってきた方が多いようで、ローンを組むこと、お金を借りることに抵抗を感じるのが一般的のようです。

お金を借りることに対する慎重になることは投資において正しい姿勢です。ただ、怖いからといって、ローンの利用を深く考えようとせずに思考停止してしまうのは、非常にもったいないことです。

不動産投資においては、ローンを組むことこそが資産形成の大きなポイントであり、不動産投資特有の大きなメリットでもあるからです。

投資用のローンは、あなたのお財布から、毎月返済していくものではありません。毎月、入居者から受け取る家賃収入の範囲で、ローンを返済していくことが原則となります。

つまり、自分自身の借金を入居者という第三者が支払ってくれるのです。

自分の負債を入居者に返済してもらう他力本願な投資スタイルであるのが、不動産投資です。

自分以外に返済する人がいないマイホームの住宅ローンに比べれば、投資用ローンは他人が支払ってくれるわけですから、自宅を購入するよりも投資物件を購入するほうがよほど気は楽だと感じるところです。

あってはならないことですが、あなたの勤務先の業績が低迷して、給料のカットが続いたり、リストラに遭うなどすると、住宅ローンの支払いは途端に苦しくなるはずです。

投資用不動産の入居者でも、同じように給料を減らされて家賃が払えなくなることもあるかもしれません。おそらく、入居者は部屋を解約してより安い賃料帯の物件に移り住むか、ご実家に帰ることもあるでしょう。そうした場合、新たに別の入居者に住んでもらえば、再び家賃収入は入ってきます。この家賃収入を投資用ローンの返済に充てることができます。

マイホームのローンの場合、事情があって、あなたが返済できない場合、代わりに返済をしてくれる人は誰もいません。

住宅ローンは、あなた自身があなたのためにローンを返済する必要がありますが、投資用ローンは他人が「あなたのため」にローンを返済してくれるものです。

いわば、あなたのために、あなたと一緒になって資産形成をしてくれるのです。

それでも「借金はしたくない」「ローンは怖い」という方は、いらっしゃると思います。

そこで、現金で不動産を購入した場合と、ローンで購入した場合で、資産形成のスピードに大きな差が生じる事実をご認識いただきたいと思います。

例えば、価格２５００万円のマンションを現金で購入するのと、ローン購入して借入金を完済するまでの期間を比べてみましょう。

マンションから得られる手取り家賃収入は年間１００万円、ローンは借入金利１・７％の35年間で設定します。そして、資産形成のために毎年80万円を使えると仮定して計算します。

この80万円を毎年積み立てて２５００万円にしようとすると、単純計算ですが32年弱かかります。ところが、同じ80万円を２５００万円のマンションローンの繰上返済に毎年活用すると、なんと17年で完済できます。

図1
繰上返済を活用すれば半分の時間、半分のお金で資産を作れる
1 毎年80万円の積み立てで2,500万円を貯める。
積み立て
32年かかる
自己資金80 万円 × 約 32 年
= 2,560 万円
2 2,500万円の物件を全額ローンで購入し、毎年80万円を繰上返済。
ローン
17年で完済
自己資金80 万円 ×17 年
= 1,360 万円

さらに80万円×17年ですので、その間に使った自己資金は１３６０万円となります。つまり、**図1**のように半分の時間とおよそ半分のお金で２５００万円の不動産を手にできるのです。

これは、あなたの繰上返済に加えて、入居者の家賃収入もローン返済に充てることができているので、これだけ早くローンが完済できるためです。

さらに、１戸目のマンションを完済した後に、２戸目のマンションを同じローン条件で購入します。

２戸目のマンションは、あなたの

図2

資産5,000万円を作るまでの期間の比較《不動産投資と貯金》

毎年80万円を繰上返済または貯金に利用する

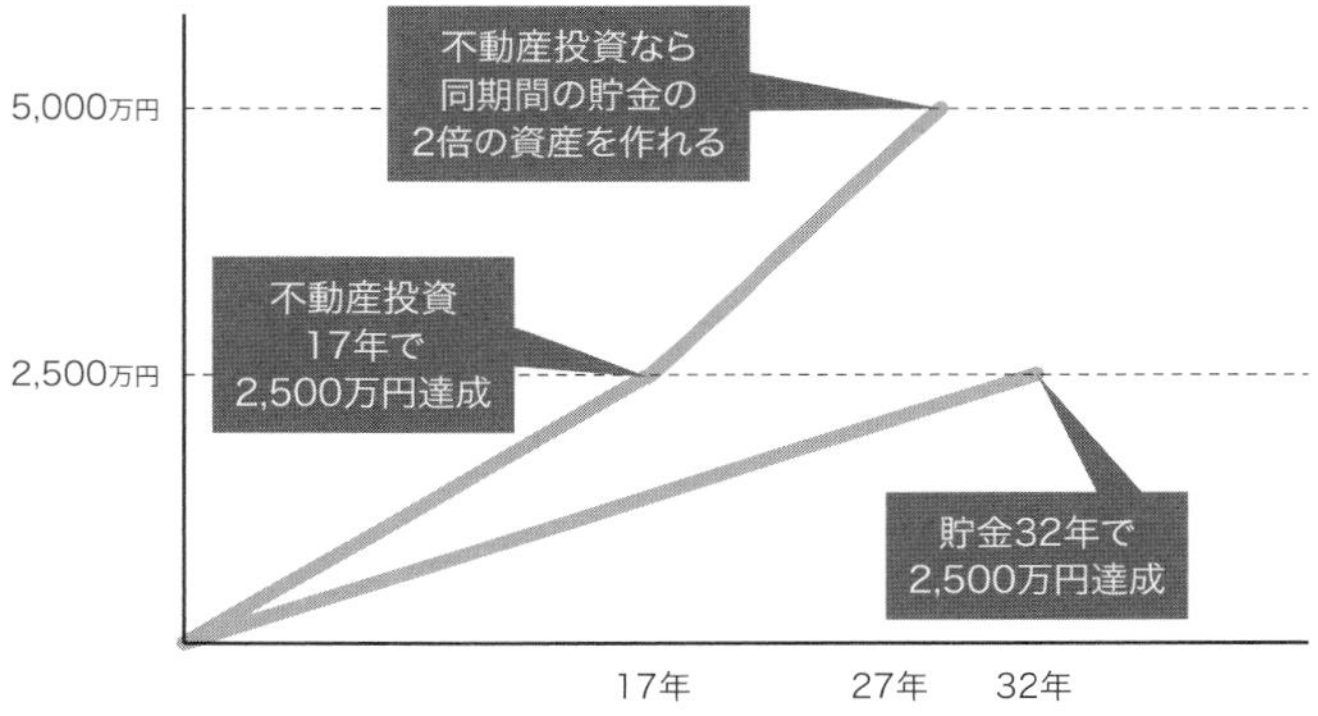

１戸目のマンションから得られる手取り家賃収入１００万円／年を合わせた１８０万円ずつ毎年繰上返済を行うことで、わずか10年２ヵ月で完済できます。

図2のように、１戸目のローン完済年数16年と2戸目のローンの完済年数を合わせると、27年です。

現金を毎年80万円ずつ貯めて２５００万円に達するまで32年かかることを考えれば、貯金と比べても5年早く、しかも2倍の資産（２５００万円×2戸）を作れたことになります。

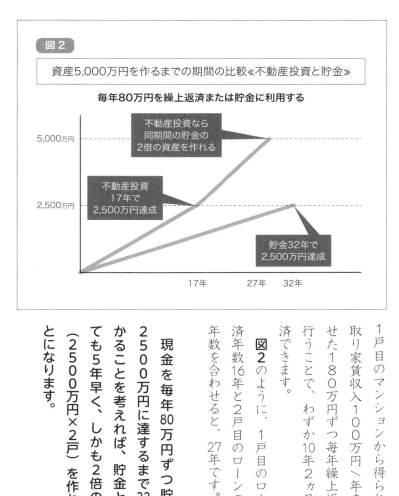

「タイムレバレッジ」でさらに資産形成のスピードを加速する

また、次のようなご意見をいただくことがあります。

「繰上返済をする資金があれば、別の物件を購入したほうが良い」

実は、これは的を射た指摘で、最小の時間で最大の資産を築こうとするのであれば、ローンを返してから購入するのではなく、「同時」に「複数」の物件を「できるだけ早く」購入することが最も効果的です。

先ほどの事例では、2500万円のマンションのローンを完済してから、2戸目のマンションを購入し、そのローンを返済していきました。

今度は、2戸同時にマンションを購入したケースで考えます。繰上返済には、毎年80万円を利用できるものとします。

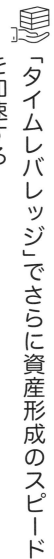

この場合、1戸目のマンションのローンは、17年で完済できます。前回のシミュレーションと異なるのは、マンションを2戸同時に購入しているので、2戸目のマンションのローンは17年分返済が進んでいるということです。

17年間の元本返済額は、約1000万円です。この間、あなたは2戸目のマンションローンの返済には1円もお金を投下していません。入居者の力で2500万円のうち、1000万円のローンが返済されたのです。

まさに他力本願投資の真骨頂です。

次に、この2戸目のマンションの残債約1500万円を、1戸目の手取り家賃収入100万円を合算した年間180万円で繰上返済を進めていきます。

すると、2戸目のマンションのローンは購入時から23年で完済できます。

1戸のマンションローンを完済してから、2戸目のマンションを購入して、ローンを完済するまでの期間が27年でしたから、4年間も期間を短縮できたことになります。

2年間早くローンが完済できたことで、その間に入ってくる800万円（100万円×4年分×2戸）の家賃収入も享受できました。

このように、時間の経過とともに入居者の家賃収入でローンが完済されるため、できる

だけ早く、同時に複数の物件を購入することが、資産最大化のポイントになります。

例えば、年間300万円の不労収入がほしい方であれば、年間の手取り家賃収入を100万円として、2500万円のマンションを3戸、ローンで購入することが一番の近道です。購入後は、粛々と繰上返済を進めていきます。

不動産投資の一番のリスクは「借金」

ただ、気を付けなければいけないのが、ローンの借りすぎです。

不動産投資の一番のリスクは「借金」です。空室や滞納で不動産経営が破綻することはありません。空室や滞納で家賃収入が入ってこなくなり、ローンが返せなくなるから、不動産経営が破綻するのです。

不動産投資は生活を豊かにするものであって、今の生活を危険に晒してまで行うものではありません。お客様の中には、融資枠が一杯になって、それでも「まだ買いたい」「借りられる金融機関を紹介してもらえませんか」という方もいらっしゃいます。

しかし、金融機関の融資がもう受けられないようであれば、繰上返済に集中するべきです。

もし金利が上がってしまった時に、繰上返済ができるだけの資金がなければ、途端にローン返済は苦しくなり、マンション経営が破綻しかねません。

借り入れに対するリスク許容度は、投資家の収入や資産背景によって異なります。

つまり、十分な繰上返済資金を用意できる人であれば、それに見合った借入額でも構いませんが、繰上返済資金が十分に用意できない人が多額の借り入れを行うのは危険です。

数年前、一般的なサラリーマンでも、少額の自己資金で1棟アパートマンションの融資を受けられた時期がありました。それこそ、年収が500万円から600万円のサラリーマンが億を超える借金をしていたのです。

こうしたアパートの多くが地方・郊外の賃貸需要の乏しいエリアにありました。満室のうちは借入リスクが顕在化していませんが、ひとたび空室が発生すると、家賃収入だけでは到底返済しきれなくなります。

ローンは、資産形成を加速させることができる有効な手法ですが、そのコントロールを誤ればあなたの大切な人生がコースアウトしてしまいます。
リスク許容度を見極めて、賢くローンを活用しましょう。

「期限の利益」よりも「残された時間」を意識する

ローンには、「期限の利益」という言葉があります。これは決められた期限までは借りたお金を返す必要はない猶予を意味します。

特に、現在の超低金利時代にあっては、一見すると繰上返済を行うことは「期限の利益」を放棄することのように見えます。

都内の中古ワンルームマンションの場合、長期間のローンを利用すれば、家賃収入で毎月のローンを返済していくことが可能です。

つまり、家賃下落や空室リスク、設備の修繕などを考慮しなければ、家賃収入だけであなたは1円のお金を使わなくても、収益不動産を手に入れることができることになります。

35年間のローンを組んでマンションを購入して、35年後にはあなたはお金を使うことなくマンションが手に入るわけです。

こうしてみると、確かに繰上返済を行えば、あなたのお金を使うことになるので、完済までの期間が短くなるとはいえ、経済的に不合理に見えるかもしれません。

ただ、私たちが意識しなければいけないのは、「時間」です。

資産形成に許される時間が無限にあるのであれば、ローンを借りっぱなしにして、入居者の家賃収入で返済していく形でもよいでしょう。

しかし、FIREを目指す大前提として「いつまでに」という期限を設けているはずです。資産形成に期限を設けているのであれば、借りたままにしておくことはできないはずです。

たとえ、FIREを目指していなかったとしても、多くの方にとっての資産形成の目的は、老後の生活不安を解消するために行うものです。定年退職後に給与収入がなくなり、年金だけで生活していくにはお金が心もとないから資産運用をしているのです。

つまり、あなたの現在の年齢と定年までの年数が資産形成を行うために許された時間になります。しかも、この時間は年々、短くなっていくのです。

今、40歳の方は確実に1年後には41歳になり、資産形成のために残された時間は1年短くなります。

このわずか1年の差が実は大きな差を生むのです。

1年早く始めていれば、1年早くローンも終わって、その分の家賃収入を手にできます。また、資産形成の難度も時間の経過とともに上がっていきます。貯金で考えればより分かりやすいでしょう。

現在、40歳の人が65歳の定年までに3000万円の資金を作ろうとした場合、毎年120万円を貯金する必要があります。これが1年遅れると、年間125万円が必要になります。

この5万円は、スタートが1年遅れたことによる、いわばペナルティです。

資産形成を行うにあたって、私たちが常に意識していなければならないのは、自分に残された時間です。

時間が限られているからこそ、繰上返済を進めて1日でも早くローンを完済すること、そして、完済したマンションから得られる家賃収入を次のマンションのローン返済に充てることで、さらに資産形成のスピードを高めていくのです。

融資を利用するための3つの基本条件

投資用ローンを利用する際には、住宅ローンと同じように金融機関の審査を受ける必要があります。融資を受ける際の基本的な条件は、次の通りです。

①公務員、もしくは上場企業、またはそれに準ずる規模の企業にお勤めの方
②昨年度の年収が500万円以上であること
③現在のお勤め先で勤続3年以上であること

勤務先、勤続年数については、厳格に条件を満たしていなくても、融資を受けられるケースがあります。

また、大企業にお勤めでなくても、資本金や業績によっては融資が組める場合もありますし、勤続3年以上でなくとも、大手上場企業に勤務であれば、好条件で融資が受けられるケースもありますので、ぜひご相談ください。

この3つの基準の中で、最も厳しい条件が年収基準です。

昨年の年収が基準に満たない場合、残念ながら基本的に相談すら受け付けてもらえないことが多くなっています。年収が基準に満たない場合、大手上場企業にお勤めであっても、勤続年数が5年や10年と長期であっても、金融機関は融資をしてくれないことが一般的です。

しかし、そんな場合においても全く選択肢がないわけではありません。ご年収や勤続年数、お勤め先に関係なく、広く融資をしてくれる金融機関があります。

それは、政府系金融機関である「日本政策金融公庫」（以下、公庫）です。

弊社のお客様の中には、パートや専業主婦でも融資が受けられた実績があります。しかも、一般的な民間金融機関に比べて金利も低く、おまけに全期間固定金利という条件であり、金利上昇リスクもありません。

しかし、実は活用例はそう多くありません。

なぜ、ここまで好条件であるにも関わらず、活用例が少ないのかと言うと、別の面で融資を受けるためのハードルが高いためです。

最大の理由は、求められる自己資金の額です。

詳細は個別の審査によって異なりますが、一般論としては、物件価格に対して50％程度の自己資金を用意する必要があります。仮に２５００万円の物件を購入するならば、１２５０万円と購入時の諸経費を捻出する必要あり、これは多くの方にとって高いハードルとなります。

また、ローン年数が10年から20年と、短期間であることも特徴です。

短い期間で返済しなければならないがゆえに、月々の返済負担は大きくなってしまい、自己資金を50％用意しても、月々のキャッシュフローはほとんど期待できません。

このようにハードルは高いものの、自己資金をしっかりとご用意できる方には、場合によっては１％を下回る金利で融資が受けられるケースもありますので、検討してはいかがでしょうか。

さて、３つの条件をクリアした上で、融資を受ける上で金融機関が重視する各規定についてお伝えします。

●年収倍率規定

昨年度の年収に対して何倍の借り入れをしているのか、という観点になります。

年収や勤務先によって異なりますが、一般的に年収の6～8倍が相場となります。年収が600万円の方であれば、3600～4800万円の借入枠があることになります。

ご注意いただきたい点が、この借入枠は投資用ローンだけではなく、住宅ローンや自動車ローン、奨学金なども含めて計算されるということです。

例えば、年収600万円の方が3000万円の住宅ローンをすでに組んでいた場合、投資用ローンとしての借入枠は600万円～1800万円となります。

住宅ローンがある場合でも投資用ローンは借りることは可能ですが、「借入枠は共通」ということはぜひ押さえておいてください。

●返済比率規定

昨年度の年収に占める、年間返済額の割合を「返済比率」と呼びます。

この返済比率の基準は、年収額によって異なりますが、一般的に30％～50％と規定されています。

返済比率の算定にあたっては、住宅ローンの返済額だけではなく、投資用ローンの返済額をも含めて計算します。

例えば、年収が800万円の方が返済比率35％まで借り入れが可能である場合は、年

280万円（月23万円ほど）の返済額のローンであれば利用できる計算です。

もし住宅ローン等を利用しており、すでに年間200万円を返済に充てているのであれば、返済比率は25％となり、残り80万円／年の返済余力があるわけですから、月間6・6万円までは投資用ローンで返済負担が増えても、融資基準は満たすことになります。

●標準生計費規定

扶養家族や負担家賃などの側面から家計の支出を考慮して、ローンの返済原資である家賃収入に手を付けずに生活が営めるかを、定量的に測る規定となります。

金融機関によって基準は異なり、また明確に数値等が開示されていないことも多く、ややブラックボックスな指標でもあります。

要するに、同じ勤務先で同じ年収があったとしても、奥様や子供を養っている人よりも単身者のほうがローンが組みやすく、都心部に住んで毎月多額の家賃を支払っている人よりは、社宅などに住んで住居費を抑えられている人のほうがより多くのローンを組むことができるということです。


また、融資が受けにくい例として、収入額と貯蓄額のバランスが取れていない方は、投資用ローンの利用ができないことがあります。

大手企業にお勤めの30代前半のお客様がいらっしゃいました。年収は若くして1000万円を超えていたのですが、年収の割には貯蓄が少なく、その額は50万円ほどでした。

お勤め先は東証1部上場の大手総合商社で好業績、勤続年数基準を満たしており、独身で扶養家族もいらっしゃいませんでしたが、融資審査の結果は「総合的判断により不可」というものでした。

十分な収入があるだけでなく、貯金を行うだけの時間的猶予があったのに関わらず、相応の貯金がない場合、浪費癖のあるお金にルーズな人と想像されてしまいます。実際にルーズであるかどうかは問われずに、預金額と源泉徴収票だけで、審査は定量的かつ定性的に行われるのです。

金融機関の選び方

自分自身にとって、どの金融機関でどのように借りれば良いのかと、多くのお客様からご相談をいただきます。

実は、投資用ローンは、一般的に金融機関と不動産会社が提携関係にあり、提携を結ぶ不動産会社の斡旋を受けて顧客が融資を受ける仕組みが成り立っています。

弊社・日本財託では、７割ほどのお客様が融資を活用して不動産投資を始められますが、そのほとんどが提携の投資用ローンとなります。

投資用ローンを利用する際は、まずは弊社のように、投資物件を中心に扱う不動産会社へ問い合わせて、どのような金融機関と提携があるのかを尋ねましょう。

また自分自身の勤務先や勤続年数、過去３年間の年収、資産背景などを開示し、どの金融機関であれば融資が受けられるのかを確認することもポイントです。

ここで注意が必要なのは、たとえ同じ金融機関であっても、斡旋する不動産会社が異なれば、お客様が受ける融資の諸条件も異なるということです。

代表的なところで言えば、金利水準や繰上返済手数料の有無などが挙げられます。同じ人が同じ金融機関から融資を受けるにも関わらず、斡旋する不動産会社が違うだけで金利に大きな差があったり、繰上返済手数料が発生するパターンもあれば、繰上返済を年に何度行っても無料であることもあります。

実は、金融機関は、提携する不動産会社との関係性（融資実績等）によって、融資条件を細かく個別に設定しています。これは、その不動産会社への信頼性を測るバロメーターであるのと同時に、投資家にとっては利益に直結するところでもありますので、より細かく営業担当者への確認が求められます。

ちなみに、投資用の区分ワンルームマンションに対して融資をしてくれるのは、大手メガバンクではなく、ほとんどがネット系銀行、あるいはノンバンクとなります。

大手メガバンクの審査は一般的に「積算評価（原価法）」が用いられ、これは同じ不動産を再び購入する際の原価はいくらなのか（再調達費用）という視点で審査をします。平たく言えば、土地の価格と建物の価格をそれぞれ金融機関が定める算式で計算するのです。

これに対して、ネット系銀行やノンバンクの多くは、「収益還元評価」を用います。つまり、融資対象物件がどれくらいの収益性があるのかという利回りをベースにした審査基準となっています。

区分ワンルームマンションの場合、土地の持ち分が少なく、築年数も経過していれば、建物価格も小さくなってしまい、積算評価では高い評価が得られないことがありますが、あくまで投資を目的としているため、投資家は賃料をベースに収益性を測ります。

東京23区内であれば、賃料の下落も極めて限定的であるがゆえに、たとえ建物が古くなっても土地の持ち分が少なくても、物件価格がそう安くはならず、積算評価とギャップが生まれてしまうのです。

したがって投資用の区分ワンルームマンションは審査上の理由により、大手メガバンクで融資を受けることが困難な性質を持っています。

ネット系銀行やノンバンクの多くは、土地の価格や建物の再調達価格ではなく、「そのマンションがいくらの賃料を生み出すことができるのか」という視点で評価をするため、賃料の下がりにくい東京の不動産にとっては、非常に合理的な選択肢となります。

また現在は、各金融機関ともより多くの融資を獲得するため、ここ数年は金利の引き下げを始めとした競争が生まれています。

それに加えて、団体信用生命保険（以下、団信）も魅力が増しています。

団信は、ローン債務者が死亡または所定の高度障害状態となった場合において、生命保険会社がその残った債務を代わりに弁済してくれ、借り入れのないマンションをご家族に残すことができる不動産特有の生命保険です。多くの金融機関では、団信への加入を条件に融資を行っています。

ここ数年では、その団信にも様々な種類の商品が生まれています。最もポピュラーなのはガン保証付き団信です。死亡または高度障害状態だけでなく、ガンに罹患した事実を以って投資用ローンの返済が免除となるものです。

今や2人に1人はガンになると言われており、罹患すれば、言うまでもなく大きな治療費も発生することでしょう。そんな時に投資用マンションのローンが保険会社によって完済され、借り入れのないマンションが手に入ったならば、毎月丸々の賃料が得られるわけですから治療費にも充てられますし、休職中の給与減にも対応できます。

また、借り入れがないわけですから、マンションを売れば大きなまとまった現金を作ることもでき、高額な先進医療も選択できるでしょう。

しかも、金融機関によっては、金利の上乗せ無しにガン保証付き団信に加入できたり、あっても金利0・2%程度の上乗せで付加できるため、多くのお客様に注目されています。

もうお気づきかもしれませんが、不動産投資は保険としての機能も担っているのです。

つまり、不動産投資を始めて団信に加入できれば、いま加入中で月々お支払いされている保険の一部については、保障が重複してしまうかもしれませんから、解約や減額等をして保険料を節約できる副次的なメリットも享受できるのです。

団信保険料に相当する金利も入居者の家賃収入を原資として支払うことができるので、言ってしまえば、他人のお金で自身の死亡保険やがん保険に加入できているようなものです。

弊社のお客様で、毎月４万円の保険料をお支払いになっている方がいました。投資用物件を２つご購入いただきまして、その後、保険の見直しもお手伝いさせていただき、結果として保険料を月々２万円以下にサイズダウンできました。

不動産投資を始めた際には、保険の見直しもセットで行うことをお勧めします。

簡単には借り換えできないからこそ金融機関選びは慎重に

区分ワンルームマンション投資のローンの特徴として、いったん借りてしまうと、ほかの金融機関での借り換えが難しい点があります。

そもそもワンルームマンション投資において借り換えの相談ができる金融機関が大変限られていること、また仮に借り換えをしてくれても、新規融資と抱き合わせでなければできないことがあります。

つまり、借り換え分の融資と新規購入分の2戸分の融資を受ける必要があるのです。

また、借り換えが可能の金融機関が見つかったとしても、借り換えに伴うコストよりも、借り換えによって削減できる支払い利息のほうが大きくなければ意味がありません。節約できる利息分よりも、借り換えに伴う費用のほうが大きくては本末転倒です。

借り換えに伴う費用として、既契約における抵当権抹消登記費用、繰上返済手数料、司法書士の報酬などが挙げられます。

さらに新規で借り換え先となる金融機関においても、ローン事務手数料や抵当権設定登記費用、司法書士の報酬、印紙代などが発生します。

多くの場合、60~70万円前後の費用が必要となりますので、少なくとも借り換えに伴う費用を超える利息の節約効果がなければ意味がないのです。

繰上返済で与信枠を回復する

ここで与信枠と繰上返済の関係についてもご紹介します。

第3章のＦＩＲＥシミュレーションでは、「期間短縮型」と「返済額軽減型」の2つの繰上返済手法のうち、返済額軽減型を選択して計算をしました。

これは、毎月のローン返済額が軽減されていくことで、年々増える手元キャッシュフローを繰上返済資金として活用する意図がありました。

実は、返済額軽減型にはもう1つのメリットがあります。

それが融資枠の回復によるマンションの追加購入です。

追加購入するにあたっては、先ほどご紹介した融資基準のうち、「年収倍率」と「返済比率」が重要になります。

追加で物件を購入する意思はあっても、すでにローンを年収倍率規定、返済比率規定ともにいっぱいまでに借りてしまっていては追加で融資が利用できません。追加購入するには、年収倍率と返済比率の条件を再びクリアする必要があります。

この点、期間短縮型繰上返済では、ローン残高を減らすことができますが、年間の返済額は変わりませんので、年収倍率は改善できても返済比率は改善できません。

同じ繰上返済であっても、返済額軽減型を選択した場合は、繰上返済のたびにローン残高を減らしつつ、同時に毎月のローン返済負担額も減少していきます。

つまり、年収倍率規定だけでなく、返済比率規定も改善されることになるので、再び融資を利用できる可能性が高まります。

そうであれば、融資枠の早期回復に繋がる返済額軽減型のほうが物件購入スピードも加速するので、FIRE達成のためには最適だと言えるでしょう。

FIREを達成する借り方、返し方

FIREまで最短距離で目指すのであれば、目標となる資産額まで買い進める、もしくは目標となる資産額に到達する前に借入限度額に達してしまい、追加で融資が組めなくなったタイミングで、返済額軽減型で積極的に繰上返済をしていくことが重要です。

もう一度、あなたが本当に必要な不労収入額を考えてみましょう。金利や借入額、ローン年数にもよりますが、100万円を返済額軽減型で繰上返済しますと、月額3000円～4000円程度のキャッシュフローが改善します。年間で4万円前後キャッシュフローが増えることを考えると、100万円に対する利回りはローンを完済するまでの間は約4％で運用できることになります。加えて、本来支払う予定であった利息も節約でき、まさに一石二鳥です。

ある程度の余剰金は手元に残すべきですが、基本的に必要以上のキャッシュを銀行預金に預け入れるよりは、繰上返済という形で自分のために働いてもらったほうが良いはずです。

こうお伝えすると、

「4％と言わず、6％あるいは7％の利回りが期待できるような高配当株などに繰上返済資金を回したほうが良いのではないか」

とのご意見をいただくことがあります。

そういった考え方は否定いたしませんし、分散投資という観点でも不動産以外にキャッシュを振り分けることも重要だと思います。ただ、ここで強くお伝えしたいのは、繰上返済によるリターンは確定的であるということです。

つまり、返済額軽減型繰上返済を行ったにも関わらず、返済額が軽減されない事態は起こらないのです。

同じように、繰上返済したにも関わらず、利息が節約できない事態も起こり得ないのです。6%や7%のリターンを期待して、そのほかの資産クラスへ資金を投じることは否定しません。しかし、リターンだけでなく、リスクという視点でも天秤にかけることも忘れてはいけません。

ただし、ローン利用にあたっては「欲張りすぎない」ことです。

あなたの資産額の目標がワンルームマンション3戸で達成できるのであれば、5戸も、10戸もマンションを購入する必要はありません。「拡大できるところまで拡大したい」「いけるところまでいってみたい」という方もいらっしゃいますが、むやみやたらにリスクを背負う必要はないのです。

安全性を示すDCRとローンの効率性を測るK％

複数戸の投資物件をご所有の方から、

「どの物件から優先して繰上返済すれば良いのか？」

とご相談をいただくことが多くあります。

利息の節約だけを考えれば、金利の高いほう、もしくは残債額の大きいほうが優先されますが、キャッシュフローという観点でも定量的に測る指標がありますので、ご紹介いたします。

それは安全性を示すＤＣＲと、ローンの効率性を測るＫ％です。

●ＤＣＲ（Debt《デット》 Coverage《カバレッジ》 Ratio《レシオ》/債務回収比率）

ＤＣＲは、物件から得られる純収益をもとに、投資用ローンの返済の安全性を測る指標となります。

図3

DCR = 年間純利益 ÷ 年間のローン返済額

図4

K% = ローン年間返済額 ÷ ローン残高 × 100

DCRは、**図3**の式で計算できます。

純収益とは、管理費や修繕積立金などを差し引いた手取りの賃料を指します。DCRが1ということは、入ってくる賃料収入とローン返済が同額であることを意味します。

物件の立地などによって空室率は異なるため、安全性の基準も異なり、DCRに絶対的な目安はありませんが、一般的に1・2あるいは1・3以上が安全圏とされています。ローン返済額の1・2倍あるいは1・3倍の純収益がある状態です（DCRがマイナスということはキャッシュフローが赤字ということです）。

つまり、DCRが低い物件は、ローンの返済における安全性が乏しいことを意味するため、DCRの低い物件から優先して繰上返済することが好ましいです。

繰上返済には、期間短縮型と返済額軽減型がありますが、DCRの改善には返済額軽減型を選ぶ必要があります。

安全性の基準として、DCR1・2あるいは1・3と申しましたが、管理会社による家賃保証や滞納保証などがあれば、それ以下でも直ちに危険とは言い切れませんので、目安として活用してみてください。

●K%（ローン定数）

K%とは、ローン残高に対する年間返済額の割合を示す指標です。

K%は、**図4**の式で算出します。

金利（利息）だけに着目すれば、金利が高いローンあるいは残債額が大きいローンを優先して繰上返済すべきですが、返済は利息だけはなく元本も返していくことであり、返済額は金利だけでなくローン期間でも大きく異なります。

また、返済額は言うまでもなく、月々のキャッシュフローに大きな影響を及ぼします。したがって金利だけでなく、融資期間も含めた融資条件を総合的に比較する必要があります。

基本的にK%が高いローンは、借入額に対して返済負担の大きい借り入れであると評価できます。

そのため、複数戸の借入がある方はK%の高い借り入れを優先して繰上返済していくことにより、効率的な繰上返済を図ることができます。

複数戸の投資物件をご所有の方は金利や残債額だけでなく、DCRやK%という観点でも各ローンを比較することをお勧めいたします。

第6章

不動産投資の5大リスクを徹底解説

不動産投資の5大リスク

ここからは、不動産投資の5大リスクの対処方法について解説していきます。

①空室リスク
②滞納リスク
③災害リスク
④賃料下落リスク
⑤金利上昇リスク

空室リスク

まず最初に、空室リスクから見ていきましょう。

空室リスクへの対処はエリア選びがすべて

不動産投資における代表的かつ必然的リスクとして、「空室」があります。一生、自分のマンションに住み続けてくれる人はいませんので、購入後には遅かれ早かれ、その時は必ずやってきます。

この空室リスクに対処するための最大のポイントは、立地です。立地さえ押さえておけば多少、物件のグレードが低い場合であっても、手の打ちようがあります。

困るのは、ピカピカの物件にもかかわらず、賃貸需要の少ないエリアにあるものです。いくら新築だからといっても、それが駅から20分以上かかるバス便の部屋であれば苦戦は必至です。

不動産は高い買い物ですから、立地が悪かったからといって簡単に買い替えることもできません。購入時と同じ価格で売却できるといっても、売却するに不動産会社に手数料を支払う必要があります。そもそも、賃貸需要の確かな場所で投資を始めていれば、こうしたコストも必要がありません。

購入時にどのような立地で不動産投資を始めるかによって、投資の難易度は大きく変わってきます。

中には、駅から離れた郊外エリアの割安物件に好んで投資をする方もいますが、これはいわゆる専業大家と言われるセミプロだから成立する投資法であって、本業がある中で不動産投資を行う方々にはハードルの高い投資法です。

本業で忙しいサラリーマンが不動産投資で安定した家賃収入を受け取り続けるためには、東京23区内の最寄り駅から徒歩10分以内の収益不動産に投資をすることです。

前述の通り、東京23区内においては、10代〜20代が増え続けており、この年齢層の多くは単身者となるため、単身向けのワンルームマンションが空室リスクの軽減を考えた場合、最も合理的な選択肢でしょう。

これが地方や郊外の駅から遠い物件になると、数ヵ月が経過しても空室が埋まらないことは珍しくありません。入居者を付けるためにフリーレントと呼ばれる家賃の無料期間を設定したり、入居者を探してくれる賃貸仲介会社に家賃の数ヵ月分もの広告料を支払うこともあるのです。

単に、空室期間が長いだけでなく、余計なコストも発生してしまいます。

価格が安く、利回りが高く取れるといっても、それは満室経営であることが前提条件です。

地方や郊外の割安物件は、一見すると価格も手ごろで収益性の高い物件に見えがちですが、その利回りも、満室でなければ絵に描いた餅で終わってしまいます。

空室リスクを考えるのであれば、東京23区の収益物件に投資をすべきでしょう。

●借り上げ契約が必要な立地で不動産投資を始めてはいけない

不動産契約のセールストークで、よく聞くのが次のセリフです。

「家賃は保証しますから、空室の心配はありません」

賃貸管理会社とオーナーとの間の契約形態には、2種類あります。集金代行契約とサブリース契約（マスターリース契約）です。

集金代行契約は、家賃集金をはじめとする大家としての業務に対して、管理手数料を支払って賃貸管理会社に代行してもらう契約です。

管理手数料の目安は、毎月の家賃の5％〜8％です。空室や滞納時の保証サービスなどは賃貸管理会社によって異なりますので、契約時に確認が必要となります。

一方、サブリース契約は、オーナーが所有する不動産を不動産会社が借り上げ、入居者に転貸（又貸し）する契約です。

物件を借り上げてもらえるのでオーナーは空室の心配がありません。その代わり、直接入居者へ貸し出す家賃に比べて、不動産会社から受け取る保証家賃は低くなります。

それでも、空室を保証してもらえるなら、収入が少なくなったとしてもサブリース契約を選ばれる方もいるかもしれません。

しかし、サブリース契約には3つの大きな問題点があります。

①保証家賃は見直される
②契約解除には違約金が発生する
③入居者が誰か分からない

サブリース契約の契約書には保証家賃の見直し条項が記載されています。

そのため、築年数の経過や外部環境の変化によって空室が常態化すれば、家賃を引き下げられることもあります。

また、サブリース契約をいざ解約しようとしても、借地借家法によって借主は保護されているため、簡単には解約ができないことがあります。

サブリース契約を解約できない場合、いざ不動産を売却しようとしても、通常の物件と比べて価格が安くなってしまったり、売るまでにも時間がかかります。

さらに、サブリース契約を解約ができたとしても、半年分の保証家賃に相当する高額の違約金を請求されるケースもあります。

何とか契約を解除したとしても、問題はまだ残っています。入居者に家賃の振り込み先が変更になったことを告知しなければなりません。

しかし、サブリース契約では基本的に入居者の情報はオーナーには知らされません。そのため、新しい振り込み先を通知するにも、大変な手間がかかります。

円滑に告知が行わなければ、入居者が元の不動産会社へ家賃を入金してしまうこともあるのです。

なお、サブリース契約ではなく、集金代行契約であっても、解約にあたって高額な違約金が必要になったり、半年以上前に解約を申し出る必要があるなどの条項が盛り込まれていることがあります。

賃貸管理会社との契約の前にはしっかりと解約条項を読み込んでおくことが必要です。

このように空室リスクがなくなるからといって、安易にサブリース契約を選んでしまうと、当初考えていた収支計画が台無しになりかねません。

サブリース契約の多くは、新築のワンルームマンションや地方の一棟アパートを購入する際によく持ち掛けられます。

そもそも不動産会社（サブリース業者）も民間企業であり、営利を目的としています。儲かるからサブリースをお勧めしているのであり、それは物件オーナーとは利益相反の関係になります。当然のことながら、親切心で保証しているわけではないのです。

不動産投資の鉄則は、賃貸需要の高い立地を見極めることです。

東京23区内の駅から徒歩10分以内の立地であれば、空室リスクは少なく、サブリース契約に頼る必要もありません。賃貸需要が少なく、空室リスクをサブリース契約で保証するような場所であれば、そこは本来、不動産投資には向かない立地です。

そもそも損失補償のついた投資はありません。株で損をして保証してくれる証券会社があるでしょうか（あったら、ぜひ紹介してください！）。

借り上げ契約をしたばかりに、将来の売却価格が下がる!?

サブリース契約の運用中には隠れていた問題が、物件を売却するタイミングで顕在化することがあります。

その問題が、売却価格の下落です。

サブリースが付いていると、本来の相場より低い価格でしか売れない可能性が高まるのです。

収益物件の価格は収益を目的に売買されますから、収益力に比例した価格決定メカニズムがあります。これを収益還元法（価格）と呼びます。

サブリース契約を結んでいると、一般的に賃料の10％から15％がその保証料として徴収され、その分収益が低減してしまいます。当然のことながら、収益力が下がっている分に応じて物件価格も下がってしまうのです。

それでは、売却時にサブリース契約を解除すればよいと思うでしょうが、実は簡単な話ではありません。ここ数年、売却時にサブリース契約を解除しない不動産会社が増えています。

集金代行契約に比べて、高い手数料が取れ、空室リスクも低い都心物件のサブリース契約はいわば金の卵。

都心であれば、将来的にも相場家賃と保証家賃が逆ザヤになる可能性は低く、空室時の補填を加味しても、不動産会社にとっては利ザヤが大きいため、手放したくないのです。

通常、オーナーは入居者との賃貸借契約を解約しようとしても、正当な理由がない限りできません。現行の借地借家法では、貸主に比べて借主は立場も弱く、経済的にも不利とされており、入居者（賃借人）の権利が強く守られているのです。

サブリース契約を結ぶ不動産会社は、オーナーにとっては入居者です。つまり、極めて例外的な状況を除けば、オーナー側から一方的にサブリースの契約の更新を拒絶したり、中途解約することはできないのです。

売却を困難にする背景には、融資の問題もあります。サブリース付きの物件には、融資が出にくいのです。

価格が相場より安くなり、しかも融資も付きにくいとなると、いざ売りたい時に売れなかったり、無理に売っても赤字が出てしまう状況に陥りやすくなります。

弊社が携わった物件でも、10年近くかかってようやくサブリース解除できたという案件がありました。そのくらいサブリースは、強固な契約です。

繰り返しになりますが、そもそも都心のワンルームであれば、サブリースによる家賃保証を付けなくても、長期にわたって安定した収入を得ることができます。

サブリースによる空室保証を付けなければ、安心できない場所であれば、投資をしないことです。もし、どうしてもサブリースを検討しなければならない場合には、その影響までしっかり把握してから、検討することをお勧めします。

滞納リスク

2つ目のリスクが、滞納リスクです。

●滞納リスクは補償内容をチェックすること

不動産投資をこれから始めようとする方にとって、空室と並んでよくいただく質問が滞納に関するものです。

ただ、実は滞納リスクについては、二重のリスク対策がなされていることが大半なので、それほど心配をする必要はありません。

まず、入居希望者と賃貸借契約を締結するにあたって、万が一の滞納に備えて保証会社との契約を行います。過去に賃貸にお住まいの方であれば、お部屋を借りるにあたってご両親に保証人になってもらったことがある方も多いのではないでしょうか。

実は今は、万が一のリスクに対して保証人を立てるケースはかなり限定的になっています。これは2020年4月に行われた民法改正が大きく影響しています。

これまでは、入居者の家賃滞納などが発生した場合、その責任を保証人が担ってきました。

民法改正後は、個人保証人の保護の観点から、保証人が負担する最大限度額を契約で定めなければ、保証は無効となったのです。

この最大限度額を「極度額」と言います。つまり、この極度額が契約上設定されていなければ、保証契約自体の効力が生じなくなってしまいます。

そこで、今では新たに部屋を借りる際には、ほとんどの賃貸借契約で保証人ではなく、保証会社との契約を入居者に義務付けることが多くなりました。万が一、入居者が滞納したとしても、保証会社が代わりに家賃を支払ってくれるのです。

また、大家業を代行する賃貸管理会社と管理代行契約を締結する際にも、契約内容の基本プランの中に滞納保証が付けられていたり、有料オプションで付けることもできるので、こちらも利用すればさらに滞納リスクを低減できます。

注意が必要な点は、もともと購入した中古の収益不動産に住んでいる入居者に保証人が付いているケースです。

この場合、万が一、滞納等が起こった際に保証人に保証能力がない場合、管理会社の管理代行契約の内容によって滞納が保証されることになりますが、管理会社によって、自社で募集していない入居者の滞納問題に対する取り扱いは異なります。

例えば、弊社では自社で募集をしていなかったとしても、入居者が滞納をした場合には、滞納家賃を全額保証いたしますが、会社によっては、あくまでも自社で付けた入居者に限定するとして、保証の対象外とすることもあります。

こうした時には、賃貸管理会社に家賃の回収能力がどれだけあるかが、リスクを左右することになります。

滞納といっても、ほとんどの場合は、振り込み忘れや残高不足など、悪意のない軽微な滞納であることが大半です。

ただ、中には生活が困窮してしまった結果として、当月分の家賃を振り込むことができないケースもあります。こうした場合、やはり賃貸管理会社の中に、専門のチームがあると解決はスピーディーかつスムーズに進みます。

賃貸管理会社を選ぶ際には、滞納発生時の条件によって保証内容が異なるのか、また会社の中で専門のチームがあるのかも、確認しておきましょう。

災害リスク

3つ目のリスクが、災害リスクです。

近年、毎年のように洪水が発生し、また地震や火災も決して他人事ではありません。長く賃貸経営を行う上では、こうした災害に遭遇することは十分に考えられます。

地震リスクと火災リスクについて、それぞれの対策について考えてみます。

●地震リスクに備えるには新耐震基準のマンションを選ぶこと

地震リスクに備えるには、建物の耐震構造が重要になります。

この点、マンションの建築時期によって地震に対する強度は異なります。絶対に選んでほしいのは、1981年（昭和56年）以降に作られた新耐震基準の物件です。

新耐震基準法は、1978年（昭和53年）に宮城県沖で発生した地震による被害を教訓にして、新たに定められた基準です。『震度6強以上の地震で倒れない住宅』とされています。

阪神・淡路大震災や東日本大震災、そして熊本地震でも、新耐震基準の分譲タイプの鉄筋コンクリート造のワンルームマンションの倒壊は1棟もありませんでした。

築年数が1978年以前の旧耐震の投資物件を選ぶ際は、耐震基準の有無を確認しましょう。

●アパートの倒壊で損害賠償請求が1億円以上！

では仮に、所有している木造アパートが倒壊し、入居者に被害が及んでしまった場合、オーナーにはどのような責任が生じるでしょうか。

もし物件に問題があって、オーナーがそれを認識していた場合には、損害賠償責任を負う可能性が高くなります。

阪神・淡路大震災では、ある軽量鉄骨造の一棟アパートが倒壊し、入居者がお亡くなりになり、1億円以上の損害賠償請求が命じられた事例もあります。

このアパートでは、壁の厚みや鉄筋が不十分であったり、鉄筋が柱や梁《はり》にしっかり連結されていない等の問題がありました。その結果、地震によってアパートの1階部分が潰れ、4人の入居者が亡くなられてしまったのです。

さらに、入居者募集の際には、建物の構造を偽って募集していたことも発覚しました。

判決では、予想外の大きな地震だったと被告側は反論しましたが、耐震基準を満たしていない建築時の手抜き工事が発覚し、1億2900万円の損害賠償が命じられたのです。

判決の根拠となった条文が、民法に定められている「工作物責任」です。

条文では、建物や土地の工作物が壊れて、他人に損害が生じた時は、その「設置または保存」に瑕疵《かし》（問題）がない限り、オーナーや管理者に損害賠償責任が発生するとされています。

では、建物に問題がなければオーナーの責任にはならないのでしょうか。

たしかに、法律上ではその通りですが、大きな災害によって被害が発生した場合に、建物に問題や欠陥がないことを証明するのは非常に困難です。そして、所有者の責任は無過失責任であり、免責規定はないとされています。

だからこそ、これから不動産投資を始める場合には、地震に強い構造の収益不動産を選ぶことが大切です。

収益不動産が掲載されたポータルサイトを見ると、価格が安く、高利回りの築年数の古い一棟アパートも見かけます。

こうしたアパートを購入する際に、事前に欠陥がないのかを正確に把握することは大変困難ですし、万が一、物件に問題があった場合、大きなリスクに発展する可能性があります。

また、不動産投資がほかの運用商品と決定的に異なる点は、投資した不動産で、実際に入居者が生活を営んでいるということです。

その部屋で、毎朝起きて、食事をして、友人と過ごし、眠る。人の生活が確かに行われているのです。こうした側面を考慮せずに、利回りや価格だけで物件を選ぶことはお勧めできません。

不動産投資を検討するのであれば、万が一の地震リスクに備えるために、新耐震基準のマンションに投資をすることをお勧めいたします。

●鉄筋コンクリート造のマンションであれば火災リスクもチャンスに変えられる

地震リスクに備えるために、耐震基準で物件を選んだように、火災リスクも耐火性の高い鉄筋コンクリート造のマンションを選ぶことで大幅に火災リスクを軽減できます。

木造アパートで火災事故が起きた場合、火は一気にまわって建物全体を全焼させるケースが珍しくありません。この点、コンクリート造のマンションの場合、室内の発生した火災がほかの部屋に延焼することはほとんどありません。

弊社でも数年に1度、管理する物件で室内が全焼するほどの火災事故を経験することがありますが、火災被害は室内で留まり、建物全体には広がりません。

全焼した室内も火災保険に加入をしていれば、保険金を使って復旧できますし、むしろ室内をバリューアップすることも可能です。

例えば、

・バスとトイレが一体となっていた3点式ユニットバスをバスとトイレを別々にする
・居室内に新たに収納を設ける
・壁面の1面のみクロスの色を変え印象を変える
・一部の照明でダウンライト採用してデザイン性を高める

など、様々な工夫が可能です。全焼した場合、室内はいったんコンクリートむき出しのスケルトンの状態にするので、この機会に思い切ったリノベーションを実行できます。しかも工期も2ヵ月～3ヵ月程度で済みます。バリューアップした部屋ですから、これまでの賃料よりもアップして募集することも可能です。

これが木造アパートであった場合、１つの部屋から発生した火災が隣室にも延焼して、すべてがアパート全焼してしまうことも珍しくありません。

毎年、冬になるとこうした痛ましいニュースが流れるのを、あなたも目にしたこともあるのではないでしょうか。

火災リスクに対応するには、耐火性の高いコンクリート造のマンションに投資をすること、そして当然ですが、火災保険にもしっかり加入しておくことが一番の対策です。

賃料下落リスク

４つ目のリスクが、賃料下落リスクです。

賃料下落はエリアによって異なる

図1 東京23区築年数によるワンルームマンションの賃料水準

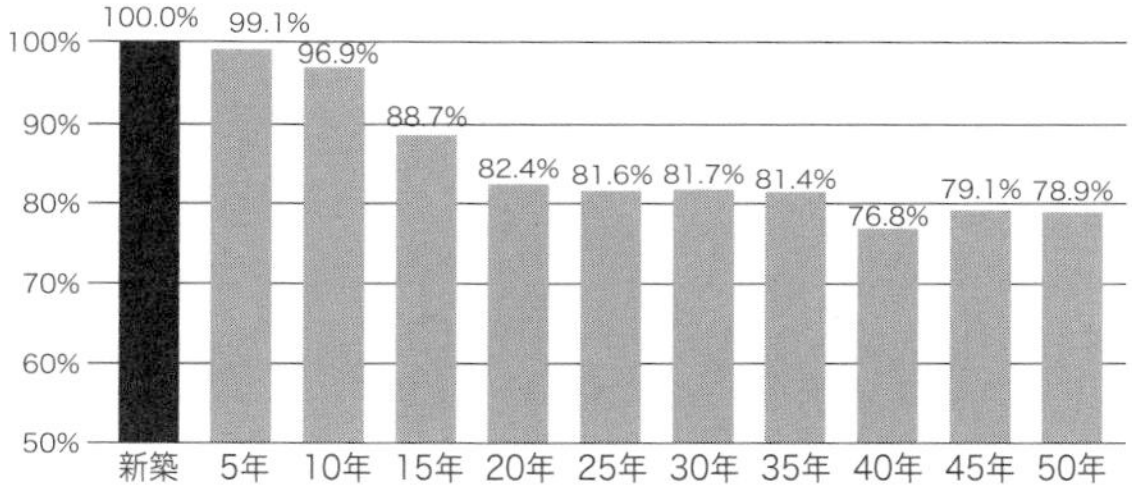

- **新築時を100%とすると、築10年での賃料水準は96.9%と大きな差はない**
- **築20年以上のワンルームでは賃料水準が80%程度でほぼ底打ち**

※専有面積30㎡未満の住戸が対象、事務所・店舗は除外。
※最寄駅からの所要時間が15分以内で、直近15年間（2003年～2017年）に賃料事例が生じていたワンルームマンションを対象に集計。

出典：東京カンテイ

一般的に、マンションは古くなると賃料は下落する傾向にありますが、いつまでも、どこまでも下落し続けるわけではありません。

不動産専門のデータバンクである、「東京カンテイ」の調査によると、東京23区内のワンルームマンションにおいては、**図1**のように築20年までは賃料の下落が続きますが、それ以降はほぼ横ばいとなっており、築20年の物件の賃料も築50年の物件も大差はないことが分かります。

実際に築50年程度の賃貸物件の成約事例を調査すると、6万円台半ばから7万円前半程度で賃料は下げ止まっています。

やはり、賃貸需要は増え続けているのも関わらず、供給が抑制されていることが大きな原因かもしれません。

また、古くなっても周辺の再開発等で街の魅力が向上し、家賃が徐々に上昇するケースもあり、必ずしも古くなったら家賃が下がるわけではないこともお伝えします。

重要なことは、購入を検討している物件の現状賃料と同じエリアの築古物件を比較して、賃料の下落幅についてある程度見積もることです。

23区内であれば案外、大きく下がらないことがご理解いただけるはずです。

金利上昇リスク

5つ目のリスクが、金利上昇リスクです。

●コントロールできる範囲を超えてはいけない

不動産投資の最大のリスクは、借金です。

たとえ、空室や滞納が長期間続いたとしても、ローン返済がなければ、大きな損失にはなりません。ランニングコストといえば、毎月の管理費・修繕積立金、それに賃貸管理会社に大家業を代行してもらうための手数料数千円です。

借金のない不動産を経営をしている人が、空室や滞納が原因で破綻をしたという話は聞いたことがありません。

正しくは、空室や滞納で家賃収入が入ってこなくなり、投資用ローンが返済できなくなるので、不動産経営が破綻してしまうのです。

この点、気を付けなければいけないものが、金利上昇のリスクです。

ローンを活用した不動産投資においては、一部の金融機関を除き、基本的には変動金利を選択することになります。

変動金利ですから、金融機関の規定によって、多くの場合半年ごとに金利が見直されます。言うまでもなく、その金利は自分自身ではコントロールすることはできません。万が一にも上昇してしまったら、月々の返済額に反映されキャッシュフローにも大きな影響を及ぼします。

この金利自体は、コントロールすることはできませんが、自分自身でもコントロールできる要素があります。

それは残債額です。残債額を小さく抑えることにより、万が一金利が跳ね上がった時の影響を小さく抑えられる可能性があります。

残債額を抑えるには、まずは購入時の借入額を抑える必要があります。

例えば、一棟アパートを1億円の借り入れを利用して購入した場合と、2000万円の借り入れを利用してワンルーム購入した場合、金利が1%上がれば、その影響度は当然ですが5倍以上も異なります。

さらに、金利が上昇した時に、繰上返済を行う場合、その返済原資はサラリーマンとしての給与となります。

1億円もの借金をしてしまった時に、返済負担を軽減するための繰上返済を行うとしても、数百万円の繰上返済では焼け石に水です。1億円の借金をした場合に、金利上昇に伴う返済負担を軽減しようとするのは、サラリーマンでは難しいのです。

不動産投資に対する目標やリスクに対する許容度によって異なりますが、「借りられる金額」と「借りて良い金額」は全く異なります。

最悪の事態も想定して、無理ない範囲で借入額を定め、その範囲でローンを活用するべきでしょう。

不動産投資のデメリット

不動産投資特有の3つのデメリットについても深く理解する必要があります。

メリットばかりの投資はないように、不動産投資にもデメリットがあります。リスクもデメリットも十分に理解した上で投資を始めれば、計画的に資産形成を進めていくことが可能です。

●流動性

株であれば、早くければ即日、遅くとも3営業日程度で現金化が可能でしょう。

しかし、不動産はそうはいきません。借り入れのある状況であれば、抵当権の抹消なども必要ですから、どんなに急いでも1ヵ月程度の時間は要します。

もちろん、希望する金額で売れるかは定かではありません。強気に売却活動をするならば、数ヵ月の時間がかかることも想定しなければなりません。

さらに、収益不物件が地方や郊外にあるアパートの場合は注意が必要です。入居者が入っているうちはよいのですが、物件の築年数が経過して、競争力が落ち、空室が続くようであれば危険信号です。

もともと賃貸需要が少ないエリアにある老朽化が進んだアパートを好んで購入する人は少ないでしょう。半年、1年経っても売れないというケースも珍しくありません。

一方で、賃貸需要が旺盛で安定した収益が見込める物件であれば、売却先に困ることもありません。

実際に弊社でも、ご事情があって都内の中古ワンルームを売却されたいオーナー様がいらっしゃれば、積極的に買い取りを行っています。これも購入したいという投資家が多数いる都心の中古ワンルームだからできることです。

●購入時や保有時、売却時など、いつでも費用が発生する

不動産は購入時、保有時、売却時のいずれの場面でも費用が発生する点がデメリットとして挙げられます。

多くの場合、物件価格に対して3〜4%程度の費用が購入時・売却時ともに発生します。仮に投資の入り口と出口で計8%のコストがかかると考えると、現在都内のワンルームマンションの手取り利回りが4%程度ですので、単純計算ですが損益分岐としては3年目となります。

何かしらの事情があってすぐに売却をしてしまうと、赤字になってしまいます。

なお、購入時・売却時に仲介手数料が必要になるのは、取引の形態が「仲介」のときです。不動産会社が保有している物件を購入したり、不動産会社に買い取ってもらった場合は、仲介手数料はかかりません。

また、マンションの所有中であっても、管理費や修繕積立金、管理代行手数料といったランニングコストがかかる以上、安定して収益を上げ続けられる物件を選ぶことが重要です。

空室が続いたとしても、ランニングコストや税金は待ってはくれません。

一度購入した物件は、長期的な視点で持ち続けること、さらにランニングコストを上回る収益を長期にわたってあげられる物件を選ぶことがポイントです。

●与信枠の減少

特に今後マイホームの購入を予定・計画されている方は、注意が必要です。

誰しも与信枠というものがあり、言うまでもなく、無限にお金が借りれるわけではありません。住宅ローンと投資用ローンでは若干審査のポイントが異なるものの、お互いに悪影響を及ぼし合う関係でもあります。

つまり、投資用ローンを組んだことによって住宅ローンが組みにくくなってしまう可能性もあるのです。

マイホームの購入を希望される方においては、ご自身の与信枠を精査し、慎重な判断が必要です。購入してから住宅ローンが組めないことが分かり、すぐに売却すると、前述したように売却コストがかかって赤字になってしまいます。

すぐに購入する予定がなくても、結婚等によって家族構成が変われば、賃貸ではなく自宅が必要になることもあるでしょう。投資用マンションを購入する際は、今後の自宅の購入予定もあわせて検討しましょう。

コラム

FIREの強い味方『賃貸管理会社』を知る

不動産投資と聞いて、まずなにを想像されるでしょうか？

お客様とお話をしていると、多くの方は「大家さん」を想像されるようです。

大家さんと言えば、入居者の募集や入居審査、クレーム処理や退去時の立会いなどの入居者管理、賃料の集金や滞納時の督促業務といった資金管理、あるいはリフォームや清掃といった物件管理などが挙げられます。

大家さんの仕事は多岐にわたり、せっかくFIREを達成して、サラリーマンとしての労働から解放されたとしても、その後に「大家業が待っている……」と不安に感じる方も少なくないのではないでしょうか。

しかし、その心配はご不要です。FIREの強い味方になってくれる「賃貸管理会社」という存在があります。

賃貸管理会社は、いわば「大家代行業」です。物件所有者である大家さんに代わって、大家さんとしての業務をすべて代行するのが、賃貸管理会社の基本業務となります。サラリーマンとしての本業があっても、賃貸経営に日々の時間を割かずとも安心して不動産投資を実践することができるのです。

具体的な仕事は、入居者募集業務や家賃の集金、エアコンや給湯器といった室内設備の修理・交換対応、入居者が退去した後のリフォーム工事の手配、入居者からの生活トラブルの対応など、多岐にわたります。

料金は一般的に、家賃の5％程度が相場となっております。ちなみに、私が勤める日本財託では、マンションをご購入いただいたお客様には、毎月3300円（税込み）で賃貸管理業務を行っております。

投資用不動産の紹介を行っている会社は数多くありますが、賃貸管理に多数の人員を配置している会社は、実はそんなに多くありません。

多くの不動産会社では、従業員の半分以上、場合によっては7割以上が販売営業マンで占められており、アフターフォローである賃貸管理部門には、そんなに多くの人員が配分されていないことが大半です。

弊社、日本財託では、全従業員に占める販売営業マンが1割ほどしかおらず、大半の社員が不動産投資をサポートするための賃貸管理スタッフです。

賃貸募集や滞納督促、賃料の集金と送金など各分野の専門スタッフを数多く配置しており、不動産投資家の皆様の収益の確保と向上に日々努めております。


一方、不動産投資を始めたら、投資家の方がご自身で行ったり、あるいはお手間になることは、次の3点です。

①毎月の出納管理
②年に一度の確定申告
③入退去の際のお打ち合わせ

たとえば、弊社では、毎月15日にお家賃をお客様に送金しております。

多くの金融機関は、ローンの引き落とし日を月末に設定しており、家賃の入金とローンの引き落としが滞りなく行われていることを念のため、確認していただいております。


また、不動産投資を始めて不動産所得が発生すると、確定申告を行う必要があります。

弊社では、初めて不動産投資にチャレンジした方を対象に確定申告の説明会を催しており、税理士の先生から無料でレクチャーを受けられる機会を設けております。また、申告手続きがご不安な方には、弊社を通じて税理士へ委託することも可能となっています。

加えて、所有されたお部屋の入居者が入れ替わる際には、次の賃貸募集条件についてお打ち合わせさせていただき、近隣の賃料相場をお伝えするとともに、敷金や礼金の取り扱いなどについてご相談させていただいております。

また、内装工事が必要な場合には、弊社でお見積りを取った上で、どの範囲までお部屋を綺麗にするのか、あるいは設備を新しくするのかをご相談させていただきます。

さらに入居希望者が現れた際には、最終的な入居の可否をご判断いただきます。

不動産投資を始める前に、購入後の賃貸管理まで考えが及んでいる方は少ないのが現状です。

ただ、購入した収益不動産のパフォーマンスを最大限に引き出せるかどうかは、「大家さん」としての仕事を代行してくれる賃貸管理会社の能力にかかっています。賃貸管理会社選びは、物件選びと同じくらい重要になります。

第7章

ＦＩＲＥ達成に欠かせないマインドセット

あなたが投資を行うベストなタイミングとは

いざ投資に挑戦してみようと決断しても、いつのタイミングで実践に移すのかという観点で、また深く悩まれてしまう方は少なくありません。

結論からお伝えすると「購入のタイミングは常にあなた自身の中にある」ということです。**経済環境や景気の波だけが投資のタイミングを計るものではありません。あなた自身の人生・置かれている環境の中で今、投資をすべきなのか判断することを強くお伝えします。**

私がこの仕事に就いたのは、２０１５年の春です。

当時、新入社員だった私は必死に不動産投資の魅力をお客様にお伝えして回っていましたが、よく言われた言葉があります。それは次のようなご意見です

「今、東京はオリンピックも決まって地価が高騰しているから、買い時ではない」

２０２０年の東京オリンピックが決まったのは２０１３年の９月ことです。

〝価格が割高である〟とのお客様の意見に対して、やや疑問を持ちながらも、新入社員だった私はそれ以上、上手くお客様を説得できないでいました。

やがて月日が経ち、2017年～2018年頃にお客様からいただいたご意見と言えば、

「オリンピックの前の年あたりから、景気後退を受けて不動産は下落し始める」

というものでした。実際にどうなったかというと、2019年に目立った不動産価格の下落はありませんでした。

では、その2019年頃に何を言われたかと言えば、

「東京オリンピックが終われば、いよいよ株も不動産も暴落する」

といったものです。しかし、コロナウイルスによるオリンピック延期が決まった2020年においても、そして今年2021年においても不動産価格の下落は見られません。ことごとく、多くのお客様の予想は裏切られてきたのです。

考えてみれば当然のことかもしれません。私たちの考えや予測の通りに経済が動くのであれば、誰もが資産家になっているはずです。

私は新聞やテレビなど、一般的に語られる予想はまず当たらないと考えています。「世間ではこういわれている」、「投資に詳しい知人はこう言っていた」と誰かの声を代弁する方もいらっしゃいますが、それはあくまでその人の意見に過ぎず、なんの確証もありません。

「諸君はきのうの専門家であるかもしれん。しかしあすの専門家ではない」

司馬遼太郎《しばりょうたろう》氏の『坂の上の雲』での一節です。いくら専門家であっても未来を予想することは至難の業《わざ》です。まさに言い得て妙ですが、これは私自身にもいえることです。資産価格がいつ底値で、いつが天井であるかは、後から振り返らなければ誰にも分からないのです。まさに神のみぞ知る世界です。

では、どうやって投資をすべき時期を決めるのか。

それは、あなた自身のライフステージや環境と照らし合わせて、今、投資を行う適切なタイミングであるのかという視点です。

例えば、都内の中古ワンルームマンションに投資するにあたっては、少なくとも数十万円から数百万円の自己資金が必要となります。また、購入時の資金だけでなく、将来的に発生するであろう突発的な修繕費用や内装工事費用にも備えるため、最低でも、購入時の資金とは別に1戸あたり30万円程度の緊急予備資金は確保することが必要です。

このような資金を捻出しても、日々の生活を脅かすことのないだけの預貯金は必要でしょう。仮に不動産価格が割安で融資も好条件で受けられたとしても、預金が限られていては不動産投資に限らず、投資そのものに手を出すのは避けるべきと考えています。

あるいは、転職の直前・直後では一般的に融資を受けることができなくなります。多くの場合、不動産投資においては融資が伴いますので、自分自身のお仕事とのタイミング調整も重要と言えます。

また、マイホームを購入する計画があったり、お子様の受験や海外留学等で多額の資金を要する場面であるお客様もいらっしゃいました。そういった環境も資産背景や年収によっては、積極的に投資を行っていくタイミングではないかもしれません。

一方、40代後半の方においては、待ったなしです。

多くの場合、50代に入ると定年退職が近く、またお仕事によっては役職定年などで年収が下がることもあり、金融機関の多くは警戒心を強め、場合によっては金利の上乗せや自己資金の増額が必要です。年齢の都合でローン年数も短くなってしまい、家賃収入からローンの返済額を差し引いた収支が悪化することは避けられません。

40代後半になると、投資を先送りすればするほど、不都合なことが多くなるでしょう。

経済や景気は、全くコントロールのできない要素ですが、自分自身の環境についてはある程度のコントロールが可能であり、かつ予測も比較的容易であることが多いのではないでしょうか。

繰り返しになりますが、投資を行うタイミングの判断基準は外部環境にあるのではなく、あなた自身の中にあります。

投資をすべきタイミングにもかかわらず、不確かな将来の価格下落に期待をして、投資を控えることは大変な機会損失です。

これだけ強調するのも、不動産投資は時間が資産に変わる投資だからです。家賃収入で元本が返済されるということは、あなた自身の資産が毎月、毎月、拡大し続けていること

になります。

不確かな将来に賭けるよりも、投資をすべきタイミングであれば、すぐに投資を始めたほうがその日から家賃収入が発生するのです。賃貸需要の確かな場所であれば、着実に家賃収入が入り続けます。

外部環境にアンテナを立てて情報を収集することも重要ですが、まずはあなた自身の今の状況を振り返って投資すべきかどうかを判断してみてはいかがでしょうか。

あなたの人生をあなた以上に真剣に考えてくれる人はいない

「投資を考えること」は「人生を考えること」でもあります。

なぜならば、人生とお金は切っても切れない要素であり、言うまでもなくお金は私たちに様々な選択肢を与えてくれるからです。

お金を増やすことが投資の目的ではありますが、お金はあくまで目的ではなく手段に過ぎません。つまり、人生における手段（選択肢）を増やすことが投資における真の目的でもあるのです。

なぜ投資に関心を持ち、投資によってどうなりたいのか、FIREを達成した先の生活を具体的にイメージすることが大切です。

投資に対する目標設定が異なれば、自ずと適切な投資対象も変わってくるからです。すなわち、自分自身の投資に対する目標に応じた投資商品の選定が重要です。


世の中には様々な投資に溢れており、それぞれの投資に精通した専門家もいます。それぞれの専門家は、その投資商品について熟知しており、きっとあなたの質問や疑問を解決してくれるかもしれません。

しかし、あなた自身のこと、あなたの状況を熟知してアドバイスをしてくれる方は希少です。

投資に対する本質的な希望、投資を通じて何を成し遂げたいのか、どのような生活を送りたいのか、その要望まで叶えられるかは定かではありません。

なぜ、こう申し上げるかと言えば、それぞれの投資の専門家は、自身の扱う投資商品、投資法に確信を持っており、自らの投資信念のもとに投資法を勧めるからです。

不動産投資ひとつとっても、区分マンション投資のほかにも一棟アパート・マンション投資、戸建て賃貸、民泊、トランクルームと様々な投資法があり、これに新築なのか中古なのか、投資エリアまで範囲を広げると、自身では選びきれないほどの投資法があります。

私も含めて、それぞれの専門家が自身の投資法が有益だと確信を持っています。もちろん、それがぴったりとあなたの状況に合うケースもあるでしょうが、すべてのケースでそうなるとは言い切れないでしょう。

専門家の意見に耳を傾けることは重要であるものの、決して鵜呑みにはせず、批判的な精神を持って接し、疑問点については徹底的に質問を投げかけてみてください。

中には、利益だけを目的にして、いいかげんな説明で投資商品を売り抜けようとする人もいるかもしれません。悪質な投資法に騙されないためにも、批判的な精神を持って接することは大切です。

投資家の理解不足も、専門家の説明不足も、お互いにとって不幸を招きます。

くれぐれも専門家へ判断を丸投げするのではなく、あなた自身で納得のする方法を選んでいただければと思います。

また、投資の判断を行うにあたって、ご家族や友人に相談をされたこともあるのではないでしょうか。この時も注意が必要です。

なぜならば、あなたの友人とあなたでは、投資に対する知識や目的意識、リスク許容度が異なる可能性が高いからです。

前述の通り、投資に対する目標やリスクに対する感じ方、また性格によっても適切な投資商品は異なります。だからこそ、異なる価値観を持った人に相談したところで、自分に適したアドバイスが得られるかは全く保証がないわけです。

さらに相談相手にアドバイスを求めているのであればまだしも、判断した結果に対する同意を求めている場合はより一層注意が必要です。

人は自身の価値観、これまで培ってきた経験、知識をもとにアドバイスをしてくれます。そこには悪意はなく、ほとんどが善意で行ってくれます。それが信頼のできる相手であればなおのことです。せっかく自身で決断したにもかかわらず、自身の望む意見を引き出せなかったばかりに、決断がブレてしまっては元も子もありません。

最終的な決断を下すのは、家族でもなく友人でもなく専門家でもなく、『あなた』です。

投資が上手くいった時の利益はあなたのものですが、上手くいかなかった時の損失もあなたが被ることになります。

価値観の違う相談相手に責任を押し付けることはあってはならないのです。**あなたの人生を、あなた以上に真剣に考えてくれる人はいないのです。**

投資という人生に対する責任の取り方

投資とは、より豊かな人生を歩むために〝やったほうが良いもの〟ではなく、人生における幾多の困難を乗り越えるためにも〝やらなければならないもの〟だと考えています。

〝自分だけはリストラに遭わない〟なんて保証はありません。

終身雇用や年功序列が崩壊しつつある日本において、〝給与は順調に右肩上がりになるはずだ〟と考えている人もいないでしょう。将来的には親の介護でお金がかかるかもしれないし、同じタイミングで子供の教育費や住宅ローンが重たくのしかかるかもしれません。

長い人生においては、お金にまつわるリスクが付きまといます。たくさんのリスクがあるにも関わらず、その対策がサラリーマンとしての給与だけではあまりにも心細いと感じてしまいます。

投資にはリスクが伴いますが、会社や組織に属して給与を得ることにもリスクあります。投資を行わなければ投資に伴うリスクは避けられるかもしれませんが、給与一本に頼り切るリスクを負います。言い換えれば、所属する会社と一心同体になってしまうのです。今や大企業のサラリーマンだからと言って生涯安泰ではないことは説明するまでもないでしょう。ここ数年だけ振り返っても、誰でも知っている名の通った会社でも大規模なリストや給与カットが当たり前のように行われています。

会社に属して真面目に仕事をしていれば報われたのは、高度経済成長期のお話です。今の60代以降の方々であれば良かったかもしれませんが、これから先、数十年にわたって生きる我々にとって、昔の話は参考になりません。

60歳前後の人であれば、30年前のバブル景気を経験していることでしょうから、もしかしたら不動産というものにアレルギーを感じる方もいらっしゃるかもしれません。

しかし、親世代が生きた今までの30年と、我々がこれから生きていく30年は全く違うのです。

会社からの給与だけに頼れなくなった私たちの世代では、投資を行って収入を複線化すること、投資を実践して経済的に自立した人生を切り開くことこそ、これからの世代の新常識といえるのではないでしょうか。

リスクを取らないことがリスクになる時代に生きる

「リスクは負うべきではない」とか「少しでもリスクがあるなら見直そう」という発想をゼロリスク信仰と呼びます。

「投資にはリスクが伴う」ことは、当たり前すぎることではありますが、実は理解しきれていない人も多くいます。リスクを取るからリターンがあるのであって、リスクのないところにリターンは存在しません。

包丁を使って料理をすると、食材を素早く丁寧に切ることができますが、指を怪我してしまうリスクを負うことにもなります。では、指を怪我したくないために素手で食材を捌くのでしょうか。

「リスクがあるから、投資は怖い」とは、私には不思議に聞こえます。では、「リスクのない投資とはなんなのでしょうか？」と逆に問いたくなります。リスクのない投資があるならば、きっとそれは世間的に「詐欺《さぎ》」と呼ばれるものでしょう。そもそも、リスクがあることが問題ではありません。

リスクを認識していないこと、リスクのコントロール手法を知らないこと、過度なリスクを負うこと、これがリスクの本的質な問題です。

例えば、不動産投資であれば、空室や滞納、地震、火災、金利上昇リスクなど、どのようなリスクがあるのか、そして、それぞれのリスク要因に対してどのような対処を取ればよいのか、どこまでの借り入れを利用してしまうと、万が一の時にローンを返しきれなくなってしまうのかなど、しっかりと理解した上で、それぞれの対策を行っていれば、リスクも恐れる必要はないのです。

仮に投資においてリスクを取らなかった場合、離職や給与減に対するリスクや老後の生活資金、医療費などへの対処が困難になります。

つまり、行動を取らなかったことで、将来のリスクがさらに大きくなってしまうのです。

目をつぶっていても、問題が解決することはありません。「リスクを取らないリスク」を新たに生み出さないためにも、リスクの内容、対策、そしてリスク許容度を冷静に判断して行動することが大切です。

おわりに

最後までお読みいただき、ありがとうございます。

私のミッションは、1人でも多くの人に投資の素晴らしさと必要性をお伝えし、投資を通じて1人でも多くの人の経済的不安を解消すること、あるいは経済的・精神的な安定をもたらすことだと考えています。

高校2年生の春から株式投資を始め、それ以来、様々な投資に手を出しては、何度も痛い思いもたくさんしてきました。

不動産に限らず、投資において一時的な損失やリスクを避けることはできませんが、全体を通じて失うものより得るもののほうがはるかに多かったと、投資デビューから10年と短いながらに強く感じています。

それはコツコツと資産が積み上がっていく様子を見て、着実に前進していることが感じられるからです。

そしてその資産は自分の人生を守り、また明るく照らしてくれる存在であると確信しています。

しかし、そう思うまでにはある程度の時間を要すると感じています。

地に足の着いた投資は時間をかけてゆっくりと膨らんでいくものです。

だからこそ、始めたばかりの頃は実感が湧きにくいのだと思います。

堅実な投資を実践しようと思えば、それ相応の時間を要します。

だからこそ、なるべく早く投資の必要性に気づき、行動に移していただきたいと強く思います。

お金の価値は、時間によって変わります。

今すぐ１００万円もらえるのと、10年後にもらえる１００万円があったなら、あなたはどちらが欲しいでしょうか。

きっとすべての人が今すぐもらうはずです。

それは今すぐもらうことのほうが10年後にもらうより１００万円より価値が高い（あるいはリスクが低い）と無意識ながら判断しているからです。

これを「貨幣の時間的価値」と言い表し、投資の世界では非常に重要な要素となってきます。

人生の中にも「貨幣の時間的価値」という考え方は当てはまると思います。

極端な例かもしれませんが、20代で自由に使える100万円と、90代で自由に使える100万円であるならば、多くの人が20代で自由に使える100万円のほうがより価値が高いと考えるのではないでしょうか。

きっと20代であれば、体も健康でしょうし、世界中を旅行したり、将来のために投資に回してみたり、普段しない無駄使いをしてみたり、様々な選択肢があると思います。

仮に100万円を失ってしまっても働いて稼ぎ、回収する期間も十分にあります。

ただ、90代になって100万円を自由に使うにしても、想像するに医療費であったり、孫へのお小遣いであったり、ずいぶんと選択肢は狭まってしまうのではと感じます。

万が一、お金を失ってしまっても労働によって回収することは非常に困難です。

つまり、1歳でも若いうちに経済的に豊かになった方が、人生を充実させ、より満足度の高いライフプランが描けるのではないかと考えるのです。

だからこそ、１日でも早く投資を始めていただきたいと強くお伝えしています。

また、矛盾しているように聞こえるかもしれませんが、投資ばかりに夢中にならず今を楽しむことも忘れないということもお伝えしたいと思います。

将来に向けて毎月の収入の中から投資を行うわけですから、いくらかの節制も必要です。もしかしたら、投資を行うために欲しいものを我慢したり、ある程度の忍耐力も必要かもしれません。

投資の必要性や重要性を理解していただけるのは嬉しいのですが、投資ばかりに夢中になってしまい、日々の生活を必要以上に切り詰める人も見かけます。

言うまでもなく、人生で一番若い今だからこそできるお金の使い方があるでしょうし、お金を消費することで得られる経験値は後の人生に生きてくるはず。

私は２０１９年12月に、父と２人でエジプトに行きました。

数十万円もの旅費は私が出しましたが、「このお金で繰上返済ができたなら……」なんてことを一瞬でも考えた自分を戒めたい気持ちです。

親との旅行に限らず、思い出はいくらインフレしても目減りしない資産ですから、その時々の思い出作りのためのお金は喜んで『投資』すべきだと私は思います。

将来に向けて投資を行い、様々な面で備えることも重要ですが、それ以上に今の人生を楽しむことがより重要だとも感じています。

本書がお金と人生を考えるきっかけとなり、皆さんの今後の人生を明るく照らす一助となればこれほど嬉しいことはありません。

著者略歴

岩脇 勇人（いわわき はやと）

株式会社日本財託 資産コンサルティング部マネージャー、不動産投資コンサルタント

学生時代より投資・資産形成に関心を持ち、高校在学中から株式投資を行う。以来、株に限らず投資信託や為替に加えて、金・プラチナや原油など様々な投資を体験。安定・着実な資産形成を目指す上で、不動産投資が合理的であると考え、23歳で初めて投資用物件を購入し、自ら経済的自立を目指して資産形成を実践中。現在、株式会社日本財託にて、20代から80代までの幅広い顧客を対象に、不動産運用を中心に個人向けの資産形成相談業務に従事。年間の相談件数は400件を超える。趣味は、毎年夏の富士登山。

【保有資格】

CPM（米国公認不動産経営管理士）、宅地建物取引士、賃貸不動産経営管理士、2級ファイナンシャル・プランニング技能士

●カバーイラスト / オオノマサフミ
●カバーデザイン / ランドリーグラフィックス

月《つき》4万円《まんえん》とボーナスではじめる
新《あたら》しいFIRE《ファイア》入門《にゅうもん》
不動産投資《ふどうさんとうし》による堅実《けんじつ》なSide《サイド》 FIRE《ファイア》戦略《せんりゃく》

発行日　2021年12月24日　第1版第1刷

著　者　岩脇《いわわき》　勇人《はやと》

発行者　斉藤　和邦
発行所　株式会社　秀和システム
〒135-0016
東京都江東区東陽2-4-2　新宮ビル2F
Tel 03-6264-3105（販売）　Fax 03-6264-3094
印刷所　日経印刷株式会社

ISBN978-4-7980-6635-6 C0034

定価はカバーに表示してあります。

乱丁本・落丁本はお取りかえいたします。

本書に関するご質問については、ご質問の内容と住所、氏名、電話番号を明記のうえ、当社編集部宛FAX または書面にてお送りください。お電話によるご質問は受け付けておりませんのであらかじめご了承ください。